Maria Kampp

Oh! Verona

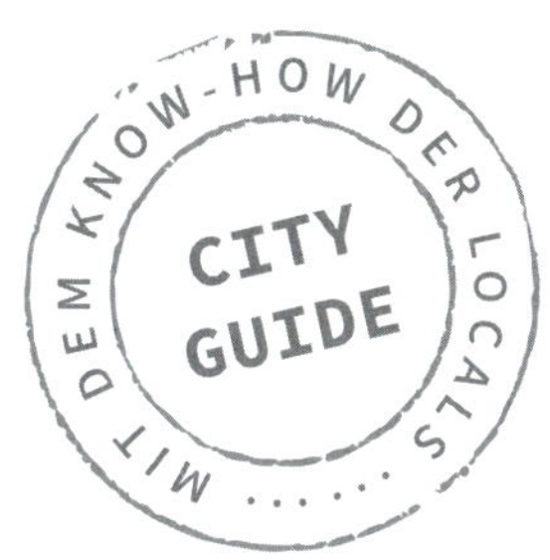

Maria Kampp

Verona

Folio Verlag

”

Wer von Norden über den Brenner
nach Verona kommt, weiß:
Jetzt beginnt Italien für
Fortgeschrittene! Kunst, Kultur,
Geschichte, Oper satt und Dolce Vita.
William Shakespeare würde
vor Neid erblassen.

Splendid
Lady
Lazy
Sunday afternoon
Good fortune at the bar
Verona Vero-oh-oh-na

Verona Vero-oh-oh-na
Verona Vero-oh-oh-na
Verona Vero-oh-oh-na
Verona Verona Verona

Elmeno P

Anhören

Verona
VERONA
GIULIETTA
VERONA
VERONA
VERONA
Casa di Giulietta

INHALT

FERR
€ 8.00
SAAB
VR 789358

„There is no world without Verona walls.“

Was schon Shakespeare wusste, ohne jemals dort gewesen zu sein, gilt bis heute. In Verona kommen alle vorbei, denn hier laufen die Alpen aus und machen der Poebene Platz. Die Stadt ist seit gut zwei Jahrtausenden ein Drehkreuz zwischen Ost und West, Nord und Süd. Und deshalb ist hier seit jeher einiges los.

Wer von Norden über den Brenner kommt, weiß: Hier beginnt Italien für Fortgeschrittene. Kunst, Kultur, Geschichte, Oper satt und Dolce Vita – womit möchten Sie beginnen? Shakespeare verdanken wir, dass Verona dem gesamten Erdball ein Begriff ist. Doch auch wenn wir nicht Romeo und Julia wegen herkommen, hat Verona das Zeug, uns glücklich zu machen. Es gibt so viel zu entdecken! Verona lohnt mehr als einen Tagesausflug. Wenn Sie möchten, haben Sie hier gut und gerne einige Tage lang zu tun.

Dass die Altstadt, das *centro storico*, zum Unesco-Weltkulturerbe gehört, ist selbsterklärend. Die über alle Epochen weltberühmte Arena trägt ihren Teil dazu bei, doch es wartet noch viel mehr auf uns. Anders als manch andere Stadt lässt Verona sich nicht auf eine Epoche oder einen Stil eingrenzen. Direkt neben einer mittelalterlichen Festung stehen ein römischer Triumphbogen und ein Renaissancepalast. Manchmal gleicht das einer Sinnestäuschung. Zu künstlerischen und architektonischen Meisterwerken gesellen sich jede Menge Mythen, Legenden und wilde Geschichten. Wer setzte sich hier nicht alles ein Denkmal! Begegnen Sie Operndiven, Tyrannen, Warlords, Dichtern, Flüchtlingen, Kunstgenies, Heiligen und weniger heiligen.

Wechseln Sie die Perspektive, wann und wo immer Sie möchten, und lassen Sie Veronas Neben- und Durcheinander entspannt auf sich wirken. Verona ist eine Stadt der Spaziergänge. In weiten Teilen der Altstadt müssen Sie sich dank einer strikten Verkehrsberuhigung nicht mal die Mühe machen, die Autos wegzudenken. Mit dem Flair einer Großstadt und trotzdem überschaubar, macht Verona Entdeckungen jeder Art zum Vergnügen – alles, was Sie brauchen, ist gutes Schuhwerk, und die nächste nette Bar ist zum Glück nie mehr als ein paar Schritte entfernt.

Spektakuläre Piazze, prachtvolle Kirchen und Museen treffen auf verwinkelte Geheimplätze, stylische Weinbars, traditionelle Osterie und coole Shopping-Locations. Flanieren Sie und lassen Sie sich zum Staunen verführen. Im Sommer konkurrieren am Abend die weltberühmten Opernfestspiele in der Arena mit Jazz und Pop im Römischen Theater. Und wenn Sie der Stadt der Liebe doch einmal entfliehen möchten, finden Sie im Umland Villen und Gärten, idyllische Weinberge, Wellness-Oasen und kulinarische Köstlichkeiten en masse. Entdecken und genießen Sie die Stadt an der Etsch und seien Sie gewiss: William Shakespeare würde Sie glühend beneiden.

Ponte Scaligero

CLASSIC
BIGLIETTERIA
INGRESSO

1

Ein Ort für wilde Zeiten

ANFITEATRO ARENA

Endlich mal ein Bauwerk, das niemand übersehen kann. Das römische Amphitheater ist Veronas Wahrzeichen und sorgt seit knapp zwei Jahrtausenden für selbstvergessen aufgerissene Augen und Münder.

Angesichts des Gewimmels um die Arena auf der Piazza Bra fällt es leicht, sich mitten im Zentrum der Stadt zu wähnen. Schwer vorstellbar, dass zu römischen Zeiten an dieser Stelle die Peripherie anfing, doch die Fußballstadien unserer Tage halten sich ja auch gerne abseits. Die **Arena** entstand Anfang des ersten nachchristlichen Jahrhunderts, ungefähr gleichzeitig mit dem Kolosseum in Rom. Sie ist eines der größten aller erhaltenen Amphitheater. Ursprünglich reckte sich eine Prunkfassade aus rosafarbenem Marmor stolze 30 Meter in die Höhe. Der lokal gesourcte Marmor nennt sich übrigens *rosso veronese*, ihm und den in ihm verewigten Fossilien werden Sie in Verona öfter begegnen, oftmals auch auf dem Bürgersteig. Kraft einiger Erdbeben blieb von der Fassade der Arena allerdings nur die sogenannte *ala* (Flügel) am nördlichen Rand stehen.

Die Arena besitzt das beneidenswerte Talent, zu jeder Tageszeit völlig anders, aber immer faszinierend schön auszusehen – je nach Licht- und Wetterverhältnissen. Als ich gleich ums Eck an der Piazzetta Santi Apostoli wohnte, kam ich täglich an der Arena vorbei und nicht umhin, wirklich jedes Mal zu staunen, wenn sie unvermittelt vor mir auftauchte. Meine Favoriten sind vernebelte spätere Wintervormittage und frühe Sommerabende unter blauem Himmel. Dann entfaltet die Ruine eine Leucht- und Strahlkraft, der ich mich auch nach der eintausendsten Betrachtung nicht entziehen kann.

PIZZA UND JAZZ IM KELLER
Im ziegelsteingemauerten Gewölbekeller der **Cantine de l'Arena** treffen sich die Einheimischen gerne zur Pizza, begleitet von Jazzklängen.

Die Arena hat wilde Zeiten erlebt, denn sie ist, was wir eine multifunktionale Location nennen würden. In ihr massakrierten sich Gladiatoren, zerfleischten sich Raubtiere und verbarrikadierten sich Bischöfe zum Schutz vor wütenden Mobs – nicht gleichzeitig, wohlgemerkt! Die mächtige Skaliger-Familie nutzte die Arena für mehrere ihrer Massaker und Hinrichtungsorgien. 1278 ließ sie riesige Scheiterhaufen im Oval errichten und auf ihnen 177 Menschen aus Sirmione öffentlich als Ketzer verbrennen – selbstverständlich erst nach mit Glanz und Gloria durchgeführten Schauprozessen. Was tat man einst nicht alles dem Papst zuliebe!

Die Arena diente zeitweise auch als Steinbruch und als Austragungsort für Ritterspiele, Stierkämpfe und Komödientheater. Die venezianische Stadtrepublik vermietete die unteren Gewölbe zeitweise an Handwerker und an Prostituierte. 1913 war ein Schlüsseljahr: Um den 100. Geburtstag des Opernkomponisten Giuseppe Verdi gebührend zu begehen, wurde der Arena mit der Adelung zum Freiluftopernhaus neues Leben eingehaucht, das sie bis heute uneingeschränkt strahlen lässt.

Sie können die Arena ganzjährig besichtigen, auch ohne Opernbesuch. Im ewig feuchten, schlecht beleuchteten Untergeschoss meine ich manchmal, die Gladiatoren und die wilden Tiere schnauben, seufzen und knurren zu hören. Seien Sie bitte vorsichtig: Hier stürzte schon Maria Callas und verstauchte sich vor einem Auftritt das Sprunggelenk. Außerhalb der Festspielzeit dürfen Sie ungehindert durch das Oval, die eigentliche Arena, schreiten und dessen gigantisches Ausmaß ermessen. Der Zuschauerraum besteht aus 45 Steinstufen à 45 Zentimetern Höhe.

Das bedeutete, dass er bis zu 30.000 Menschen aufnehmen konnte. Heute sind aus Sicherheitsgründen maximal 15.000 gestattet, von denen einige unten im Oval sitzen dürfen. Wenn Sie ganz nach oben auf die höchsten Ränge steigen, haben Sie einen Rundumblick auf Verona und den Stepmaster inklusive. Müde Kinder am Abend und Muskelkater am nächsten Morgen sind ziemlich wahrscheinlich – es lohnt sich!

INFOS	**Anfiteatro Arena:** Piazza Bra, www.museiverona.com/arena-di-verona **Cantine de l'Arena:** Piazzetta Scalette Rubiani 1, Tel. 045 8032849, www.lecantine-arena.com

2

Lebendig-lauter Laufsteg

PIAZZA BRA

Auf der Piazza Bra pulsiert das Leben. Heinrich Heine brachte es erfrischend zeitgemäß auf den Punkt: „Auf dem Platze *La Bra* spaziert, sobald es dunkel wird, die schöne Welt von Verona oder sitzt dort auf kleinen Stühlchen vor den Kaffeebuden und schlürft Sorbett und Abendkühle und Musik.“

Die **Piazza Bra** bedeutet Sehen und Gesehenwerden. Die Einheimischen nennen sie einfach nur Bra. Umgeben von riesigen Palästen und dominiert von der Arena, leitet sich der Name des Platzes vom langobardischen *braida* (breit) ab. Diese germanische Sprache ist zwar seit über einem Jahrtausend ausgestorben, doch der Name blieb kleben und recht hat er. Platz ist tatsächlich mehr als ausreichend vorhanden, handelt es sich doch um einen der größten und weitläufigsten Plätze Europas.

Die Bra ist nicht nur groß, sie ist die wichtigste Flaniermeile der Stadt. Es gibt wenig, was die Italienerinnen und Italiener so meisterhaft beherrschen wie die hohe Kunst der *passeggiata*. Ab den Portoni della Brà führt der sogenannte *Listone* entlang schmuck herausgeputzter Bars und Restaurants zur Arena. Als Laufsteg präsentiert er die neuesten Trends in puncto Frisuren,

Tattoos, Schmuck, High Heels und Handtaschen. Emotionen gibt es gratis dazu, denn auf der Bra wird gegrüßt, geflucht, geknutscht, gestritten und gratuliert – und alle sollen es sehen.

Primetime ist der Sonntagnachmittag, wenn das bürgerliche Verona zeigt, was es hat. Bleibt nur noch zu entscheiden: Zuschauen oder sich selbst zur Schau stellen? Fest steht: Wer hier ein paarmal vor und zurück flaniert, gehört dazu. In Verlängerung des *Listone* geht es *direttissima* in die Via Giuseppe Mazzini. Die führt geradewegs zur Piazza Erbe und ist die prachtvollste Einkaufsmeile der Altstadt, mit italienischer Mode aller Preisklassen. Windowshopping in den späten Abendstunden gehört zu den Lieblingsbeschäftigungen der Einheimischen. Und wenn wir schon beim Shoppen sind: Die Läden der Unterwäschekette Intimissimi gibt es inzwischen sicherlich auch in der Antarktis, aber die Filiale auf der Bra verdient eine Erwähnung. Hier können Sie nämlich im wahrsten Sinne des Wortes einen *bra* shoppen. Die Veroneserinnen finden das Wortspiel mit den *bras* auf der Bra jedenfalls urkomisch – schließlich wurde Intimissimi in Verona gegründet.

Bevor Sie die Bra verlassen, sollten Sie unbedingt einen Abstecher hinüber zur **Arena** machen. In den Sommermonaten lagern dort ein wenig abseits, aber unübersehbar, die Opernkulissen: Pyramidenteile, chinesische Drachen, riesenhafte Hände und vieles mehr. Das wirkt surrealistisch und macht in der Dunkelheit den größten Spaß. Apropos Oper. Unvergleichlich ist die Atmosphäre auf der Bra kurz vor der Opernaufführung. Abendkleider rascheln, Fliegen werden zurechtgerückt, noch ein schneller Espresso genommen, bevor es losgeht. Es liegt eine spürbare Anspannung in der Luft, die einzuatmen ein Vergnügen ist, auch wenn Sie selbst gar nicht in die Oper gehen.

STEIN AUF STEIN

Im Hof des Teatro Filarmonico zeigt das **Museo Lapidario Maffeiano** antike Reliefs und Inschriften. Es ist allein deshalb sehenswert, weil es als eines der allerersten Museen Europas seine Tore öffnete.

Großartig ist es auch, den in der Arena stattfindenden Rock- und Popkonzerten von draußen zu lauschen. Entspannt vor einer der Bars zu sitzen und zuzuhören, wie sich das Klappern der Espressotassen mit dem herüber wehenden Gesang eines Stevie Wonder, eines Bruce Springsteen oder einer Gianna Nannini vermischt, gehört zu den Erfahrungen, die niemand so schnell vergisst.

INFOS

Museo Lapidario Maffeiano: Piazza Bra 28, museomaffeiano.comune.verona.it

3

Shakespeare wäre zufrieden

LA CASA DI GIULIETTA

Verona verdankt William Shakespeare ungeheuer viel. Schade, dass er das nicht weiß. Nirgendwo sonst hat ein Techtelmechtel zweier Teenager jemals für einen derartigen Hype gesorgt wie in der *città dell'amore*. Der Mythos von Romeo und Julia zieht einen nicht abreißenden Besucherstrom an – seit Jahrhunderten!

Wer der romantischen Liebe entwöhnt ist, darf dem tragikumwitterten Liebespaar getrost aus dem Weg gehen, Verona ist groß genug. Alle andere erhalten ausgiebig Gelegenheit zu schmachten. Ob Shakespeare jemals in Verona war, ist unwahrscheinlich. Dass viele seiner Stücke in Italien spielen, hat für Spekulationen gesorgt, dass er in Wahrheit ein Sizilianer namens Scrollalanza gewesen sei. In jungen Jahren sei dieser auf die britischen Inseln übergesiedelt, um dort in den Nieselregen zu starren und seine unsterblichen Stücke zu verfassen. Wie dem auch sei, Verona taucht gleich in mehreren davon auf und in keinem so eindrucksvoll wie in „Romeo and Juliet".

Die tragische Liebesgeschichte entbehrt zwar jeder historischen Grundlage, doch die miteinander rivalisierenden Veroneser Familien Montecchi und Capuleti gab es tatsächlich. Darüber berichtete bereits Dante. Real oder nicht, in der Literatur ist schließlich immer Wahrheit. Eine gute Handvoll englischer und italienischer Autoren hatte sich lange vor Shakespeare an der einmaligen Story versucht. William konnte von Glück reden, dass Plagiatsaffären erst im 21. Jahrhundert so richtig für Furore sorgten – und wir auch, denn sonst wären wir um ein reiches Stück Literatur ärmer.

NUMMER ZIEHEN, BITTE!
In der **Pasticceria De Rossi** gibt es neben den *baci di Giulietta* auch Petit Fours, die hier *pasticcine* heißen, sowie hausgemachte Pasta, Risottoreis und jede Menge Delikatessen.

Die Stadt Verona lässt sich jedenfalls einiges einfallen, um die „Originalschauplätze" erlebbar zu machen. Marktstände bieten wunderbar kitschige Miniskulpturen feil, die *pasticcerie* verkaufen Julias *baci* (Küsse) und Romeos *sospiri* (Seufzer). Am Valentinstag findet ein Pärchenabend gigantischen Ausmaßes statt, gespickt mit Herzluftballons soweit das Auge reicht. Ich frage mich, warum niemand auf die Idee kommt, in Verona Blitzhochzeiten im Las-Vegas-Style anzubieten. Mit entsprechendem Vorlauf lassen sich immerhin Trauungen am (angeblichen) Grab Julias im einstigen Kapuzinerkloster San Francesco arrangieren. Viele Hotels bieten eine „Suite di Giulietta" an – gegen Aufpreis, versteht sich. Noch kostspieliger wird es, wenn Sie sich dazu hinreißen lassen, Liebesbotschaften im Durchgang vor „Julias Haus" zu hinterlassen. Eine Tafel droht angesichts der Wandschmierereien ein Bußgeld von bis zu 3.000 Euro an. Die Wand bleibt häufigen Übertünchungen zum Trotz von oben bis unten vollgekritzelt.

Ein Besuch der **Casa di Giulietta** ist keinesfalls zu versäumen. Im Innenhof lächelt die bronzeskulpturgewordene Julia. Wer ihre rechte Brust berührt, wird zeitlebens mit Glück in der Liebe gesegnet sein. Dementsprechend golden blank geputzt und beansprucht präsentiert sich diese den Besucherschlangen. Direkt darüber dürfen Sie sich auf dem berühmtesten Balkon der Literaturgeschichte einen Moment lang wie Giulietta fühlen – und darüber hinwegsehen, dass Shakespeare sie eigentlich an einem Fenster hat stehen lassen und dass der Balkon in Wirklich-

keit ein antiker Sarkophag ist. Um der zunehmend nachgefragten Geschlechtergerechtigkeit Genüge zu tun, hat man in der Via Arche Scaligere ein unscheinbares Gebäude zur **Casa di Romeo** ernannt. Die Besichtigung nimmt kaum Zeit in Anspruch, da sie sich auf eine an der Außenwand angebrachte Tafel mit einem Shakespeare-Zitat beschränkt. Doch genau deshalb finde ich Romeos Haus sehenswert. Vor dem verschlossenen Tor darf die eigene Vorstellungskraft ausnahmsweise ungehindert walten und von der ewigen Liebe träumen.

INFOS

Casa di Giulietta: Via Cappello 23, casadigiulietta.comune.verona.it
Casa di Romeo: Via Arche Scaligere 4 (nur von außen zu besichtigen)
Pasticceria De Rossi: Corso Porta Borsari 3, www.derossi.it

per comprendere che il cielo è
ovunque
bisogno
il giro del mondo

4

Wundern Sie sich bitte!

MUSEUMSHAUS PALAZZO MAFFEI

Ein halbes Jahrhundert lang sammelte der Veroneser Unternehmer Luigi Carlon Kunst, bevor er seine umfangreiche Sammlung der Öffentlichkeit zugänglich machte. Die im Piano Nobile des Palazzo Maffei ausgestellten Werke überschreiten Epochen, Genres und mitunter auch Komfortzonen.

Ausdauer ist gefragt, es sind Hunderte Werke zu sehen. Der Ausstellungsparcours ist allerdings so clever konzipiert, dass das kaum Mühe macht. Luigi Carlon nennt seine Sammlung bescheiden eklektisch, doch er hat nichts dem Zufall überlassen. Kuratiert von der Museumsexpertin und Kunsthistorikerin Gabriella Belli, spannen Gemälde, Skulpturen, Stiche, Zeichnungen, Miniaturen, antike Bücher, Majoliken, Bronzen, Elfenbeinobjekte, Möbel und dekorative Kunstgegenstände den Bogen von der Antike bis zur Gegenwart. Mit Meisterwerken und Kuriositäten bewegt sich die Sammlung irgendwo zwischen Wunderkammer und *la gesamtkunstwerk*. In thematisch angelegten Räumen darf gestaunt und sich gewundert werden.

„Frauen, Ritter, Waffen, Liebesaffären ..." heißt ein Raum, „Liebevollste Mutter" ein anderer. Bei den „Heiligen und Helden"

herrscht trotz vieler Märtyrer Partystimmung: Zu Lot, Susanna und Klara gesellen sich Samson und Delila. In „Venus und andere Frauen“ begegnen Sie Heldinnen, Göttinnen und Normalsterblichen. In der Mitte des Raumes starrt mich Lucio Fontanas „Medusa“ aus den 1930er-Jahren mit einem Ausdruck von Vorahnung und innerer Unruhe an. Es dürfte kein Zufall sein, dass dieser Raum auf jenen mit dem Thema Krieg folgt. Die Konzeption der Räume und die Anordnung der Ausstellungsobjekte wirken so unangestrengt und unverkopft, dass ich mich tatsächlich wie in einer Kammer voller Wunder fühle – das ist italienische *sprezzatura* in Reinform.

Der Ort ist klug gewählt, handelt es sich beim **Palazzo Maffei** doch um eines der schönsten Barockgebäude der Stadt. Erbaut auf dem ehemaligen *capitolium* aus der Zeit der römischen Republik, geht der Kern des Palazzos auf das späte Mittelalter zurück. Einen Vorgeschmack auf die Wunder, die Sie erwarten, gibt die Wendeltreppe, die sich schneckenförmig bis ganz nach oben zur Dachterrasse windet. Im 17. Jahrhundert hatten die Banker Maffei – Onkel und Neffe – umfangreiche Umbaumaßnahmen veranlasst und dort oben die Statuen aufstellen lassen. Sie können zwischen Venus, Jupiter und Kollegen auf und ab schlendern, dem geschäftigen Treiben auf der Piazza Erbe zuschauen und sich dabei göttergleich über den Dingen schwebend fühlen.

Neben den epochenübergreifenden, thematisch gegliederten Räumen präsentieren sich auch einige klassisch konzipierte Ausstellungsflächen. Sie räumen der Veroneser Malerei ebenso gebührend Platz ein wie dem italienischen Futurismus. Ein Teil der Sammlung widmet sich ausschließlich der Kunst des 20. Jahrhunderts und der zeitgenössischen Kunst. Die Liste italienischer Künstler ist lang und umfasst Namen wie Umberto Boccioni, Giacomo Balla, Giorgio de Chirico, Giorgio Morandi, Emilio Vedova, Alberto Burri und Piero Manzoni, doch es sind auch jede Menge Nichtitaliener vertreten: René Magritte, Max Ernst, Marcel Duchamp, Pablo Picasso, Andy Warhol und Katsushika Hokusai, um einige zu nennen. Eine vollständige Aufzählung all des Sehenswerten würde den Rahmen sprengen – da hilft nur selber hingehen.

NOCH EINE WUNDERKAMMER

Im **Museo Miniscalchi-Erizzo** gehört Ihnen der Palazzo samt eklektischer Sammlung so gut wie allein. Behalten Sie in der kalten Jahreszeit den Mantel an, die Räume sind nicht beheizt!

INFOS

Museumshaus Palazzo Maffei: Piazza Erbe 38–38A, www.palazzomaffeiverona.com

Museo Miniscalchi-Erizzo: Via San Mammaso 2/a, www.museominiscalchi.it

5

Willkommen im Salon

PIAZZA ERBE

Was wäre Italien ohne die *piazza*? Hier spielt sich das öffentliche Leben ab. Die Piazza Erbe ist der älteste Platz der Stadt. Hier kreuzten sich einst zwei römische Straßen und es war nicht weit zu den Tempeln und den öffentlichen Thermenanlagen.

Auf der **Piazza Erbe** landen wir alle irgendwann, alle Wege führen dorthin wie die Arterien zum Herzen. Für die Menschen in Verona ist sie der schönste Platz der Welt, und es lohnt sich, das auf seinen Wahrheitsgehalt zu überprüfen! Der Maler Adolph von Menzel (1815–1905) ging mit gutem Beispiel voran und zückte wild entschlossen seinen Bleistift. Nachdem er sich tagelang abgemüht hatte, bestieg er den Zug zurück nach Berlin, angeblich mit der Bemerkung „Zu viel, zu viel!“. Ein bisschen kann ich das verstehen. Die Piazza Erbe ist Showroom und Showbühne zugleich. Ruhe mögen Sie woanders suchen, aber bestimmt nicht hier, im lebendigsten Freiluftsalon der Stadt.

Wir befinden uns auf dem ehemaligen römischen Forum, dem einstigen politischen, wirtschaftlichen und religiösen Zentrum. Die wichtigen Entscheidungen fallen lange schon anderswo, doch die Piazza Erbe bleibt Mittelpunkt. Sie diente über Jahrhun-

EIN FEST FÜR AUGEN UND GAUMEN

Im Gassengewirr rund um die Piazza präsentieren kleine Läden Kostbarkeiten. Bei **Le dadò pottery corner** legt apulische Keramik auf kleinstem Raum einen großen Auftritt hin.

derte als Markt – *erbe* bedeutet Kräuter. Heute bekommen Sie hier allerdings fast nur noch Souvenirs. Doch Piazza ist Piazza, die Einheimischen lassen sich von den Touristen nicht vertreiben. Umringt von Gebäuden, die malerischer nicht sein können, können Sie sich nahe der Colonna di San Marco auf Logenplätzen vor den Case dei Mazzanti niederlassen. Im Winter werden diese sogar beheizt. Hier lässt sich entspannt das Treiben beobachten. Schade, dass die grandiosen Fassadenmalereien in Ihrem Rücken liegen. Die Gebäude gehören zu den ältesten Palazzi der Stadt. Die Skaliger-Herrscherfamilie lagerte dort ihre Waren und ließ die Außenwände mit mythologischen Darstellungen schmücken. Wenn Sie neugierig geworden sind, gehen Sie doch gleich noch die paar Schritte um das Gebäude herum. Auf der Rückseite erstreckt sich eine ungewöhnlich lange Treppe – und ein Balkon, auf den Julia zu Recht neidisch wäre.

Der von der **Torre dei Lamberti** überragte **Palazzo della Ragione** (siehe S. 41 ff.), einst Zentrum der weltlichen Macht, beherbergt heute die Galerie für Moderne Kunst Archille Forti. Direkt gegenüber liegen die Arkadenbögen der Casa dei Mercanti, wo sich früher die mächtigen Kaufleute versammelten. Auf der Piazza selbst spazieren Sie an lauter Kuriositäten vorbei. Wo heute Teenies auf den marmornen Stufen eine Rast einlegen, wurden vom baldachinbekrönten Podest des Capitello einst Gerichtsbeschlüsse und wichtige Entscheidungen verkündet. Über dem Brunnen in der Mitte des Platzes erhebt sich die „Madonna Verona“ in einer riesigen Schale. Symbolisch steht sie für Verona. Die Skaliger-Herren wiederverwerteten die römische Statue eben mal zu christlichen Zwecken, so funktioniert der vielgerühmte italienische Pragmatismus!

In Richtung des barocken Palazzo Maffei weitergehend, stoßen Sie beinahe mit der Marmorsäule zusammen, auf der ein Markuslöwe thront. Er blickt auf das Gewusel zu seinen Füßen und erinnert daran, dass Verona vier Jahrhunderte Teil der Repu-

blik Venedig war. Falls Sie es ihm gleichtun möchten, besteigen Sie die Torre dei Lamberti. Die Aussicht auf die Piazza in ihrer ganzen Pracht erfordert das Überwinden von 368 Stufen, einen Fahrstuhl gibt es auch.

INFOS

Palazzo della Ragione: Ecke Piazza Erbe/Via della Costa
Torre dei Lamberti: Via della Costa 2, www.torredeilamberti.it
Le dadò pottery corner: Via San Rocchetto 10, le-dado-pottery-corner.sumupstore.com

6

Der heimliche Dom

BASILIKA SANT'ANASTASIA

Sie haben es sicherlich schon bemerkt, um Kirchen kommen Sie in Verona nicht herum. Ähnlich den All-in-one-Produkten in der Haut- und Haarpflege werden diese unterschiedlichen Bedürfnissen gerecht. Steht Ihnen der Sinn nach Kunst, Geschichte, Kultur oder Spiritualität – oder möchten Sie einfach Ihren müden Füßen eine Pause gönnen?

Sie können nichts falsch machen, ein Kirchenbesuch ist in Verona immer spektakulär schön. Das Problem besteht einzig darin, eine Auswahl zu treffen. Die gute Nachricht: die sakralen Hauptattraktionen beschränken sich auf überschaubare vier Stück. Neben Sant'Anastasia sind das San Zeno, der *duomo* und San Fermo. Die schlechte Nachricht: Die meisten der anderen Dutzenden Kirchen sind ebenfalls sehr sehenswert. Bei mir läuft es am Ende darauf hinaus, dass ich die Kirchen besichtige, in die ich zufällig hineinstolpere. Wenn ich mich ranhalte, werde ich vermutlich um das Jahr 2050 herum alle gesehen haben.

Sant'Anastasia halten Ortsunkundige gerne fälschlicherweise für den Dom. Dieser versteckt sich verschämt etwas abseits und lässt Sant'Anastasia den Vortritt. Sie ist die größte Kirche Veronas. Von der Piazza Erbe kommend, können Sie gar nicht anders als direkt auf sie zuzusteuern, gehen Sie einfach den Corso

Sant'Anastasia entlang. Ihn säumen Modeboutiquen, Kunst- und Antiquitätengeschäfte sowie Lebensmittelläden. Am Ende angekommen, lassen Sie sich von der unvollendet gebliebenen Kirchenfassade in schmuckloser Ziegelbauweise nicht täuschen. Die Pracht entfaltet sich drinnen.

Sant'Anastasia ist hoch und weit, der dekorative Aufwand beträchtlich. Die Menschen in Verona lieben sie als „ihre" Stadtkirche und als Meisterwerk der Gotik. Daran gibt es nichts zu rütteln. Am Namen dagegen schon, der ist eigentlich falsch. Der Ostgotenkönig Theoderich hatte genau hier, wo die römische Via Postumia auf dem Weg von Genua nach Aquileia vorbeiführte, zwei Gotteshäuser errichten lassen. Sie wurden der heiligen Anastasia und dem heiligen Remigius gewidmet. Im 13. Jahrhundert fielen diese den Dominikanern zu, die eine neue Kirche errichteten und diese ihrem eigenen Märtyrer, Petrus von Verona, weihten. Der Bevölkerung war das herzlich egal. Mit der typischen Veroneser Sturheit verwendeten sie weiterhin den Namen Sant'Anastasia, und das ist bis heute so geblieben.

In der Kirche lässt es sich ausgezeichnet herumspazieren und staunen. Gleich am Eingang fallen die ungewöhnlich gestalteten Weihwasserbecken auf. Die werden von zwei zwergenhaften *gobbi* (Buckligen) getragen und stammen aus dem späten 16. Jahrhundert. Die in Blau und Gelb gehaltene Decke hat nichts mit Schweden zu tun, sondern damit, dass Verona auch im sakralen Raum selbstbewusst sein Stadtwappen zeigt. Nahezu überall finden sich Erklärtafeln in ausgezeichnetem Deutsch, alternativ können Sie übers Handy einen Audioguide engagieren. Hoch über dem Bogen zur ersten Kapelle rechts vom Haupttor befindet sich eine Wandmalerei, für die sich Antonio Pisanello (1395–1455) immerhin fünf Jahre Zeit nahm. Sie stellt den Aufbruch des heiligen Georg zum Kampf mit dem Drachen dar. Das Fresko ist eines der Hauptwerke der oberitalienischen Malerei und gilt zugleich als Höhepunkt und Ende der höfischen Gotik. Die Szene ist randvoll mit Insiderwissen zum Ritterleben, Galgen mit Gehenkten inklusive.

FLUSSFLAIR

Hinter der Basilika können Sie auf der **Via Sottoriva** an der Etsch entlangschlendern. Es gibt zahlreiche Einkehrmöglichkeiten in Gestalt von Bars, Osterie, Gelaterie und Restaurants.

INFOS

Basilica di Sant'Anastasia: Piazza Sant'Anastasia, www.chieseverona.it/it/le-chiese/la-basilica-di-santa-anastasia

7

Der Stadt berühmtester Flüchtling

PIAZZA DEI SIGNORI

Dante Alighieris Konterfei prangt nicht zufällig auf der italienischen Zwei-Euro-Münze. Kaum ein Land in Europa huldigt seinem Nationaldichter so leidenschaftlich wie Italien. Der Dichter, Philosoph und Politiker ist seit mehr als 700 Jahren tot – und trotzdem quietschlebendig.

Wenn ich von russischen Oppositionellen oder iranischen Dissidentinnen lese, denke ich unweigerlich an diesen ewigen Exilanten. Er gilt als Vater der italienischen Sprache und lebte ganze sieben Jahre lang in Verona. Wer weiß, ob er jemals einen Fuß hierhergesetzt hätte, wäre er nicht in eine wahrlich verzweifelte Situation geraten. Dante hatte in seiner Heimatstadt Florenz erfolgreich Lokalpolitik betrieben, doch aufgrund von damals nicht unüblichen politischen Turbulenzen musste er fliehen. Die Florentiner meinten es ernst: 1302 wurde er in Abwesenheit zum Tode verurteilt. Was blieb ihm anderes übrig als das Exil? 20 Jahre lang irrte Dante Alighieri durch Ober- und Mittelitalien, als ein seiner Lebensgrundlagen beraubter politischer Flüchtling. Ehefrau und die minderjährigen Kinder hatte er in Florenz zurückgelassen und sah letztere erst nach Jahren wieder. In seine Heimatstadt kehrte der Dichter nie zurück, er starb 1321 in Ravenna.

Verona gewährte Dante sieben Jahre lang Asyl, genauer gesagt die Familie Della Scala, Herrscherfamilie der Stadt. Deren Vertreter waren zwar bekannt für Intrigen, Giftanschläge und Brudermord, doch der Flüchtling hatte bei ihnen einen Stein im Brett und erhielt Geld, Gunst und *human rights*. Zum Dank widmete er seinem Gönner Cangrande Della Scala einen Vers in der Göttlichen Komödie. Verona befand sich auf dem Höhepunkt seiner kulturellen Blüte mit prosperierendem Handel und Handwerk. Es existierte eine ganze Community von Staatenlosen und politischen Flüchtlingen. Dante war unter seinesgleichen.

Als einer, der nichts mehr zu verlieren hatte, brach er in Verona literarisch zu neuen Ufern auf und fand darin Halt und eine neue geistige Heimat. Sein Schaffen gipfelte in der „Göttlichen Komödie", die er erst kurz vor seinem Tod fertigstellte. Dieses Stück Weltliteratur in Gedichtform bildete die Grundlage für die italienische Hochsprache. Wie kein anderer Dichter vor ihm stilisierte Dante Alighieri in der „Divina Commedia" das eigene Ich als Liebender und Leidender, das Irrungen und Wirrungen ausgesetzt ist. Das war für damalige Verhältnisse revolutionär und ich frage mich, welcher Anteil daran Dantes Exilerfahrung zuzuschreiben ist. Und wäre der große Dichter zum Symbol der sprachlichen, kulturellen und politischen Einheit Italiens geworden, wenn die Florentiner gnädig gewesen wären? Deren Angebot, ihn bei Zahlung einer Geldbuße und Leistung öffentlicher Abbitte nach Florenz zurückkehren zu lassen, lehnte er ab – und nahm damit die Erneuerung des Todesurteils in Kauf.

FAST AUF AUGENHÖHE

Im **Caffè Dante Bistrot** gibt es eine große Wein- und Speisenauswahl, wahlweise im originalen Interieur des 19. Jahrhunderts oder draußen, mit Blick auf die Dante-Statue.

Mich fasziniert, wie sich auf einem Spaziergang *dantesco* Orte aneinanderreihen, die sich seit Dantes Aufenthalt augenscheinlich nicht oder kaum verändert haben. Am besten beginnen Sie auf der **Piazza dei Signori**, wo der im 19. Jahrhundert marmorgewordene Dante skeptisch-nachdenklich dreinblickt. Ehrensache, dass die Einheimischen den Platz als Piazza Dante kennen. Gleich nebenan logierte er im damals nagelneuen Skaligerpalast,

der heute der Präfektur der Provinz Verona als Sitz dient. Die Kirche Santa Maria Antica und die Piazza Erbe kannte er ebenso wie die Kirchen Sant'Anastasia, Duomo, San Zeno und San Fermo. Letztere war zu seiner Zeit eine riesige Baustelle. Angeblich nahm der Exilant sich die Steinstufen in der Arena zum Vorbild für seine Schilderung der Hölle in der „Commedia". Das mag stimmen oder nicht, doch ich gehe davon aus, dass Dante Alighieris Füße denselben Boden berührten wie die unsrigen. Das finde ich mal einen erbaulichen Gedanken.

INFOS

Caffè Dante Bistrot: Piazza dei Signori 2, www.caffedante.it

8

Denunzieren leicht gemacht

PALAZZO DELLA RAGIONE

Möchten Sie gerne jemanden verpetzen? Nur zu, die nächste *bocca di leone* ist nicht weit. So hießen die Denunziationsbriefkästen der Republik Venedig. Ihr Name rührt daher, dass die in die Wand eingelassenen Briefkästen ein aufgerissenes Maul (*bocca*) eines Löwen (*leone*) zum Einwerfen besaßen.

Der Löwe steht für den Markuslöwen, Symbol und Logo der Serenissima. Der Briefeinwurf erfolgte geheim, doch nicht anonym. Nicht namentlich gekennzeichnete und unterschriebene Briefe wurden vernichtet. Der Palazzo della Ragione besaß gleich zwei Löwenmäuler, die gut erhalten geblieben sind. Die *bocca* in der Via Dante war für Petzerei in Sachen Seidenraupenschmuggel zuständig, die *bocca* an der Piazza dei Signori für Wucherei. Da soll mal jemand behaupten, die italienische Bürokratie sei schlecht organisiert.

Der im 12. Jahrhundert ziegelsteingemauerte **Palazzo della Ragione** war einst Veronas Rathaus und besaß ursprünglich vier Türme, übrig geblieben sind nur zwei. Der fast quadratische Bau besitzt einen von lichterfüllten Arkaden umgebenen Innenhof, den Cortile Mercato Vecchio (alter Markt). Palazzo della Ragione heißt er, weil er 1493 Justizpalast wurde, *ragione* bedeutet so viel wie Recht und Vernunft. Während der Herrschaft der Serenissima beherbergte der Palazzo außerdem das Zivil- und Strafgericht, die Notariatskammer, den Sitz des Zollamts für Seide, die Steuerbehörde, die Weizen- und Salzlager sowie die Büros des Gesundheitsamtes und anderer Behörden. Wie dort ohne Online-Terminbuchung jemals irgendetwas vorangegangen ist, ist mir ein großes Rätsel.

Der Palazzo lässt sich besichtigen. Dafür müssen Sie aber zuerst tief Luft holen, denn den Eingang erreichen Sie nur über eine große Anzahl von Stufen aus rotem Marmor, dem *rosso veronese*. Diese Scala della Ragione wurde erst nachträglich, Mitte des 15. Jahrhunderts, angebaut. Es gibt gleich mehrere Gründe, warum es sich lohnt, die Treppe zu erklimmen. Oben angekommen, drehen Sie sich doch mal um. Der Blick auf das Licht- und Schattenspiel des Mercato Vecchio lässt mich gerne länger stehenbleiben als unbedingt nötig.

KUNST IM HAUS DER STUFEN

Die **Galleria d'Arte Moderna** zeigt rund 230 moderne und zeitgenössische Werke. Die Sammlung geht auf den angesehenen jüdischen Veroneser Botaniker und Sammler Achille Forti (1878–1937) zurück.

Drinnen empfängt Sie das sehenswerte Museum für moderne Kunst und die Cappella dei Notai. In ihr waren ab 1408 die Notare zu Hause. Neben Büros und Archiv unterhielten sie auch eine Kapelle, die den Heiligen Zeno und Daniel geweiht war. Zeno ist Veronas Stadtheiliger, Daniel als Schutzpatron traditionell für die Notare zuständig. Die Kapelle besteht aus vier miteinander verbundenen Räumen, die ursprünglich ein spätgotisches Rippengewölbe bedeckte. Da immer mal wieder Brände die Kapelle heimsuchten, gingen die ursprünglichen Dekorationen verloren. Und dann brach 1650 auch noch der sich über der Kapelle befindende Kerker in sich zusammen. Die Ursache? Der Kerker war zu schwer. Ob die schiere Anzahl der Häftlinge oder deren Leibesfülle schuld waren, ist nicht überliefert. Wie so oft in Verona musste neu aufgebaut, restauriert und umdekoriert werden.

Was Sie heute sehen, geht auf das späte 17. und frühe 18. Jahrhundert zurück. Die Gemälde in Form farbenfroher Lünetten

fertigten namhafte Veroneser Künstler und ein französischer Kollege namens Louis Dorigny an. Sie bilden Episoden aus dem Leben von Zeno und Daniel ab und thematisieren die Themen Gerechtigkeit und Erlösung. Ob sie einen positiven Einfluss auf die Arbeit der Notare genommen haben, können wir nicht wissen. Für den ein oder anderen Wohlfühlmoment wird die explosive Pracht aber sicherlich gesorgt haben.

INFOS

Palazzo della Ragione: Galleria d'Arte Moderna Achille Forti (GAM), Cortile Mercato Vecchio 6, gam.comune.verona.it

V+B+V

9

Sterben für Fortgeschrittene

SKALIGER-GRABMÄLER

Die Herrschaft der Skaligerfamilie (Della Scala) war frei von Berührungsängsten mit dem Tod. Morde waren während ihrer knapp 130 Jahre währenden Tyrannei an der Tagesordnung. Dabei legten die Skaliger auch gerne selbst Hand an und rotteten sich im Zuge dessen fast selbst aus.

Die Herren von der Leiter (*scaligeri* kommt von *scala*) führten Verona zu wirtschaftlicher und kultureller Blüte, ihr Hof war einer der prachtvollsten weit und breit. Allerdings starben nur wenige der männlichen Familienmitglieder eines natürlichen Todes. Es ging um Geld und Machterhalt, zudem gestaltete sich die Nachfolge dank zahlreicher unehelich gezeugter Nachkommen unberechenbar und chaotisch. Es kam schon mal vor, dass ein Familienmitglied vorsichtshalber den eigenen Bruder köpfen ließ, um sicherzugehen, dass alles seinen geregelten Gang gehen würde. Verständlich, dass einige Skaliger dem Kontrollverlust vorbeugten, indem sie bereits zu Lebzeiten ihre Grabstätten realisierten und sich damit unsterblich machten.

Auf dem **Familienfriedhof** gegenüber dem Skaliger-Palast fanden mehrere einflussreiche Skaliger die letzte Ruhe. Der Friedhof verdient kein anderes Prädikat als einmalig, denn mit ihm hat die Gotik in Verona ihr eigenartigstes Monument hinterlassen. Er ist begrenzt von einem kunstvoll geschmiedeten Gitter aus dem 14. Jahrhundert. Reich geschmückt zeigt dieses wiederkehrend eine Leiter, das Wappenzeichen der Skaliger. Deren Bedürfnis nach Selbstinszenierung muss unersättlich gewesen sein. Warum sonst hätten sie sich mitten in der Stadt, direkt gegenüber ihrem ohnehin schon prunkvollen Palast, in einer mehr als vier Meter hohen Monumentalarchitektur bestatten lassen?

Integriert in die Fassade über dem Seitenportal der Kirche Santa Maria Antica, befindet sich das Grab von Cangrande I. Della Scala. Der Tote ist als Liegefigur auf einem Sarkophag dargestellt, geschützt durch einen, von einer hohen Pyramide gekrönten Baldachin. Der Sarkophag wird von zwei Hunden getragen, die ihrerseits mit Kronen und Wappen ausgestattet sind. Das ist als Anspielung auf den Namen des Tyrannen zu verstehen, der so viel wie großer Hund (*cane grande*) bedeutet. Über allem thront er nochmal als lebensgroße Reiterfigur. Der Skaliger ist als unerschrockener Krieger und Eroberer inszeniert, der er zweifelsohne war. Und trotzdem trägt er ein verschmitztes Grinsen im Gesicht, das man nicht so schnell vergisst. Er war übrigens nicht unter natürlichen Umständen gestorben. In Italien erfreuen sich Obduktionen der Überreste historischer Persönlichkeiten großer Beliebtheit. 2014 ergab die Obduktion des mumifizierten Leichnams Cangrandes eine Überdosis giftigen Fingerhuts als Todesursache. Ob ihm diese in Form einer missglückten medizinischen Behandlung oder einer absichtlichen Vergiftung zugeführt wurde, liegt allerdings weiterhin im Dunkeln. Das Original der Reiterstatue steht im **Museo di Castelvecchio** (siehe S. 85 ff.). Es war zu Beginn des 20. Jahrhunderts während eines Unwetters heruntergestürzt und galt als nicht mehr sicher.

ROMANISCHE HAUSKAPELLE

Die Kirche **Santa Maria Antica** befindet sich direkt neben den Grabmonumenten. In ihrer Fassade wechseln sich im Stil der Veroneser Romanik rote Mauerziegel und heller Tuffstein ab.

Cangrandes Neffe, im Volkshund wenig schmeichelhaft *Mastino* (Kampfhund) genannt, ging auf Nummer sicher und ließ sein Grabmal noch zu Lebzeiten errichten. Mit der Dekoration über-

trumpfte er seinen Onkel. Warum er trotz dieses Triumphes so ernst dreinschaut, wird sein Geheimnis bleiben. Mastinos Sohn Cansignorio ist das dritte der drei prachtvollen Grabmäler zugeordnet. Der hatte erstmal seinen Bruder Cangrande II. umbringen müssen, um Herrscher werden zu können. Ohne Fleiß kein Preis! Die anderen Grabstätten auf dem Areal sind im Vergleich zu den Monumentalbauten vergleichsweise einfach gehalten und beschränken sich auf kunstfertig geschmückte Sarkophage.

INFOS

Skaliger-Grabmäler: Via Santa Maria Antica 4
Chiesa Santa Maria Antica: Via Arche Scaligere 3

Schwindelanfälle inklusive

DOM, KATHEDRALE SANTA MARIA ASSUNTA

Den Dom müssen Sie suchen. Er versteckt sich etwas abseits im Gassengewirr, am Rand des *centro storico* nahe der Etschschleife. Das tut der Tatsache, dass es sich um ein zutiefst faszinierendes Bauwerk handelt, keinen Abbruch. Vom Neben- und Übereinander der Epochen kann einem schon mal schwindelig werden.

Mit dem Dom verhält es sich wie mit einer dieser kompliziert herzustellenden Schichttorten. Er erhebt sich auf den Resten einer römischen Villa mit Thermenanlage. Wo heute gebetet und gebeichtet wird, planschten einst entspannungsbedürftige Römerinnen und Römer. Da ihnen die Sehnsucht nach einem kontemplativen Moment nicht fremd war, gab es auch ein paar kleine Tempel. Zu Zeiten des heiligen Zeno, Bischof von Verona im 4. Jahrhundert, musste die Wellness-Oase Platz machen für eine frühchristliche Basilika. Da sich Kirchen damals einem ungleich größeren Zulauf erfreuten als heute, wurde sie aber bald zu klein und durch eine größere ersetzt.

Bedauerlicherweise kam im 7. Jahrhundert ein Erdbeben daher, vielleicht auch ein Brand, wer weiß das knapp eineinhalb Jahrtausende später so genau. Die Basilika wurde jedenfalls zer-

stört, und alles ging von vorne los. 1117 machte ein weiteres Erdbeben wieder alles zunichte. Immerhin brach die Kirche diesmal nicht komplett in sich zusammen, es genügten einige Jahrzehnte Restaurierungsarbeiten. Auch später wurde immer mal wieder restauriert und umgestaltet.

Am besten beginnen Sie Ihren Rundgang in der **Taufkapelle San Giovanni in Fonte**. In der Mitte des schlichten romanischen *battistero* steht ein achteckiges Taufbecken, das der Bildhauer Briotolo um die Wende zum 13. Jahrhundert aus einem einzigen rosafarbenen Marmorblock herausarbeitete und an den Außenseiten mit acht Reliefszenen gestaltete. Bevor Sie in die Kirche der Sant'Elena hinübergehen, schauen Sie sich die archäologischen Ausgrabungen im Atrium an. Die Säulen stammen aus dem 11. und 12. Jahrhundert und ich hoffe, dass sie dem nächsten Erdbeben standhalten! Sollte der von der Decke baumelnde Knochen Sie irritieren, seien Sie gewiss, dass er dort nur zu Ihrem Besten hängt. Im Mittelalter hängte man in vielen italienischen Kirchen Knochen oder Fossilien großer Tiere auf. Das diente der symbolischen Zurschaustellung der von den Kreuzrittern im Kampf gegen das Böse getöteten Drachen, Schlangen und anderen teuflischen Wesen.

KIRCHEN-MARATHON

Mit dem ***biglietto cumulativo*** können Sie zum ermäßigten Preis den Duomo sowie die Kirchen Sant'Anastasia, San Fermo und San Zeno besuchen. Das Ticket ist in allen vier Kirchen erhältlich.

In der Kirche **Sant'Elena** wird der Wahrnehmung Multitasking abverlangt. Direkt vor dem kunstvoll geschnitzten Chorgestühl aus dem 15. Jahrhundert präsentieren sich die Grundmauern und der Mosaikfußboden der ersten Basilika. Altäre und Gemälde stammen aus dem 18. Jahrhundert, an der Südwand ist neben einem Triptychon aus dem 14. Jahrhundert eine im 9. Jahrhundert entstandene, eingemauerte Inschrift zu sehen. Sie zählt sämtliche in der Kirche aufbewahrten Reliquien auf und das sind nicht wenige.

Wenn Sie angesichts der Flut an Eindrücken immer noch nicht benommen sind, besichtigen Sie den eigentlichen **Dom**. Dort lautet die Devise hoch, ausladend, bunt und prächtig. Zu den Fresken und Altarbildern der Veroneser Schule (15. bis 18. Jahr-

hundert) steuerte Tizian ein Mariä Himmelfahrt darstellendes Ölgemälde bei. Der halbkreisförmige Chorumgang aus vielfarbigem Marmor, der auf den berühmten Veroneser Architekten Michele Sanmicheli zurückgeht, ist ein Fest für die Sinne. Die Apsis wurde nach Vorlagen von Giulio Romano ausgemalt, der ein Faible für illusionistische Täuschung und die Groteske hatte. Taumeln Sie schon?

INFOS

Dom, Complesso della Cattedrale: Piazza Duomo, www.chieseverona.it/it/le-chiese/il-complesso-della-cattedrale

GRÆVII THESAURUS ANTIQUIT- ROMANAR- T. VII-
GRÆVII THESAURUS ANTIQUIT- ROMANARUM T. IX-
GRÆVII THESAURUS ANTIQUIT- ROMANARUM T. XI-
GRÆVII THESAURUS ANTIQUIT- ROMANARUM T. XII-
GRONOVII THESAURUS ANTIQUIT- GRÆCARUM T. IV-
POLENI NOVA SUPPLEM- T-IV-
GVICCIAR ISTOR D'ITAL: TOM. II
GVICCIAR ISTOR D'ITAL: TOM. I
TOM. I.
TOM. I.

11

Die Veteranin aller Bibliotheken

BIBLIOTECA CAPITOLARE

Die Biblioteca Capitolare nennt sich mit ihren rund 1.500 Jahren Geschichte die älteste, noch aktive Bibliothek nicht Europas, sondern der ganzen Welt. Hier brütete unter anderem Dante Alighieri über Schriften, die seinerzeit schon fast 700 Jahre alt waren.

Die Bibliothek enthält über 1.200 handgeschriebene und mehr als 100.000 gedruckte Werke. Ihre Existenz lässt sich bis ins Jahr 517 zurückverfolgen. Streng genommen handelte es sich in den Anfangsjahrhunderten nicht um eine Bibliothek, sondern um ein Skriptorium. Das war die zum Kloster gehörende Schreibstube, in der Kopisten Texte handschriftlich auf Pergament kopierten, den Vorläufer des Papiers. Papier kam in Europa erst ab dem 11. Jahrhundert auf, rund 1.000 Jahre nachdem die Chinesen nicht nur das Schreibpapier, sondern auch das Papiertaschentuch erfunden hatten.

Das Skriptorium war eine der wenigen im Winter beheizten Klosterräumlichkeiten – um Tinte und Schreibkunst der Mönche ungehinderten Flow zu ermöglichen. Der sogenannte „Codex Ursicinus“ (517 n. Chr.) benannt nach seinem Schreiber, ist das älteste datierte Dokument der Bibliothek. Anfang des 13. Jahrhunderts war dank der regen Schreibtätigkeit der Mönche die Menge der Bücher so stark angewachsen, dass sich das Skriptorium von der reinen Schreibstunde zur Bibliothek wandelte. Nun gingen hier auch nichtkirchliche Gelehrte ein- und aus, darunter Francesco Petrarca und Dante Alighieri.

Die wertvollsten Schätze der Bibliothek werden Dante & Co. mit Sicherheit ebenso bewundert haben wie wir. Zum Beispiel die älteste bekannte Ausgabe von Augustinus' „De civitate Dei". Sie stammt aus dem 5. Jahrhundert, als Augustinus noch lebte. Ein weiteres Juwel ist der „Codex VI", eines der ältesten noch erhaltenen Neuen Testamente, verfasst in elegant geschwungenen silbernen und goldenen Lettern. Die „Rateriana" oder „Civitas Veronensis Depicta" stammt aus dem 10. Jahrhundert und ist die älteste Stadtansicht Veronas. In Weiß, Rosa, Grün und Rot strahlt uns die Stadt entgegen, mit Etsch, Stadtmauern und der Arena. Oberhalb der Brücke in der Bildmitte können Sie sogar Theoderichs verschwundenen Palast erkennen. Das Original der „Rateriana" ging in den Wirren des späten 18. Jahrhunderts unwiederbringlich verloren, doch zum Glück hatte der Veroneser Scipione Maffei, Dichter und Gelehrter im Barockzeitalter, rechtzeitig Kopien angefertigt.

FUNDSTÜCKE GEFÄLLIG?
Im Antiquariat **Lo Scaffale Perturbante** finden sich neben italienisch-, englisch- und französischsprachigen auch viele interessante Titel in deutscher Sprache.

Die Erfindung des Buchdrucks um 1450 veränderte alles. Drei Jahre hatte ein mittelalterlicher Kopist für eine Bibelabschrift benötigt, Johannes Gutenberg gelang es, im gleichen Zeitraum 180 Exemplare herzustellen. Die Bibliothek erwarb viele der brandneuen, Inkunabeln genannten Druckerzeugnisse. Noch befand sie sich in einem Raum an der Ostseite des Kreuzgangs, doch aufgrund des steigenden Platzbedarfs beschloss man, sie in einem neuen Gebäude unterzubringen.

Für die Dauer der Bauarbeiten brachte der Bibliothekar Agostino Rezzani die wertvollsten Werke in einem geheim gehaltenen Raum unter. Während der Epidemie von 1630 fiel er wie zwei Drittel der Veroneser Bevölkerung der Pest zum Opfer, ohne

Rateriana, Civitas Veronensis Depicta

das Versteck verraten zu haben. Es dauerte sagenhafte 82 Jahre, bis Scipione Maffei und der Kanoniker Carlo Carinelli die verschollenen Schätze wiederentdeckten. Im Zweiten Weltkrieg tat Bibliothekar Giuseppe Turrini es Rezzani gleich und brachte die Schätze rechtzeitig vor den schweren Bombenangriffen in Sicherheit. Glücklicherweise ließen sie sich anschließend komplikationslos wiederfinden. 2019 in eine Stiftung überführt, ist die Bibliothek heute für alle zugänglich, entweder in Eigenregie oder im Rahmen einer Führung.

INFOS

Biblioteca Capitolare: Piazza Duomo 19, www.bibliotecacapitolare.it
Lo Scaffale Perturbante: Via San Mamaso 6, Instagram: scaffaleperturbante

BOTTEGA VINI

12

Wine and the City

IM GASSENGEWIRR DER ALTSTADT

Andar per goti **gehört zu den Lieblingsbeschäftigungen der Veroneserinnen und Veroneser und ist unbedingt nachahmenswert. Sie hat nichts mit Goten zu tun. Das ist von Vorteil, führten sich diese in Oberitalien ja eher ungestüm auf. Als** ***goto*** **wird ein kleiner gläserner Weinbecher bezeichnet.**

Lust auf ein Gläschen? Der *gotto* mit seinen 1,9 Litern diente der Serenissima einst als Maßeinheit. Die Veroneser haben nicht nur ein *t* verschwinden lassen, sondern begnügen sich auch mit einer bescheideneren Füllmenge. Anders ginge es nämlich nicht. *Andar per goti* bedeutet, von einer Osteria zur nächsten zu ziehen und in jeder ein Gläschen zu genießen. Und weil der Fokus auf Qualität statt auf Quantität liegt, werden Sie nur selten Betrunkenen begegnen.

Das mit den kleinen Gläsern ist überhaupt eine gute Idee, denn Verona ist von hervorragenden Weingebieten umzingelt und die Auswahl in den Osterie dementsprechend groß. Sie schenken aus, was Soave, Valpolicella, Custoza, Lugana und Bardolino hergeben. In den gehoberenen Osterie kommen auch andere italienische und internationale Weine ins Glas. Die Osteria bildet mit den Trattorie und den Ristoranti das Dreigestirn der gastronomischen Institutionen Italiens. Im Veroneser Dialekt heißt sie übrigens *ostaria*. Sie bezeichnet eine Gaststätte und wird

KEINE LUST AUF WEIN?
Das winzige **Archivio** serviert neben Craftbeer auch Craft-Cocktails. Die Einheimischen strömen der Negroni-Varianten und der ungewöhnlichen Zutaten wegen hierher. Allein die Tafel mit den Cocktails zu studieren bereitet Vergnügen.

gerne mit Taverne übersetzt. Osterie verstehen sich als Orte der Geselligkeit und sozialen Durchlässigkeit. Touri, einheimisch, jung, alt, Einzelgänger, Liebespaar oder After-Work-Party, in und (ganz wichtig!) *vor* der Osteria finden alle einen Platz. Doch bitte freuen Sie sich nicht zu früh. Eine Osteria ist nämlich nicht gleich Osteria. Das einzig einende Kriterium ist, dass es dort Wein gibt.

Es gibt Osterie, in denen gekocht wird. Über die wechselnde Speisenauswahl informiert normalerweise eine Tafel. In nicht wenigen Osterie geht es deutlich vornehmer zu, mit Speisekarte, *coperto* (Gedeck) und allem Drum und Dran. Das ist schicker und kann manchmal ganz schön teuer sein. In anderen Osterie bleibt die Küche kalt. Hier stellt man Ihnen ungefragt das eine oder andere *cicchetto* (Häppchen) hin. Sollten Sie mehrere Osterie dieses Typs abklappern, werden Sie irgendwann pappsatt sein, ohne jemals ein Gericht bestellt zu haben. Die eine oder andere Osteria ist so puristisch veranlagt, dass sie tatsächlich nur Wein ausschenkt.

Wie sich zurechtfinden? Ausprobieren! Das ist ein Kinderspiel, liegen die meisten Osterie doch fußläufig voneinander entfernt und nicht selten direkt nebeneinander. Im Gassengewirr rund um den Dom, die Via Mazzini und die Basilika Sant'Anastasia müssen Sie sich nicht einmal auf die Suche machen. Sie werden wie ferngesteuert vor einer Osteria landen. Dann bleibt nur noch zu klären: Um welchen Typ Osteria handelt es sich?

Wenn es nicht gerade schüttet oder hagelt, spielt sich das Leben hauptsächlich direkt vor der Osteria ab. Tun Sie es in der **Antica Bottega del Vino** den Einheimischen gleich und ergattern Sie einen Platz an der schmalen Hauswandtheke oder an einem der winzigen Tische. Ihr Glas Wein besorgen Sie sich drinnen am Tresen. Wenn Sie können, gehen Sie unter der Woche hin, selbst an einem Montagabend wird einiges los sein, und am Wochenende ist manchmal kaum ein Durchkommen möglich. Nebenan in der

Osteria Scudo di Francia ist die Atmosphäre gediegen, mit Tischdecken, ausgezeichnetem Service und kulinarischen Hochgenüssen. Wenn Sie sich die Beine vertreten möchten, gehen Sie hinüber ins **Monte Baldo**. Diese Osteria war mal ein Milchladen, den die Kühe vom Monte Baldo am Gardasee versorgten, doch das ist so lange her, dass heute alle nur noch des Weines und der *cicchetti* wegen herkommen.

INFOS

Antica Bottega del Vino: Vicolo Scudo di Francia 3, bottegavini.it
Osteria Scudo di Francia: Vicolo Scudo di Francia 5, osteriascudodifrancia.it
Osteria Caffè Monte Baldo: Via Rosa 12, osteriamontebaldo.com
Archivio: Via Rosa 3c, House of Craft Cocktail and Beers, archivioverona.com

Bachelor Non Cliche Non Party da Vera
WGISR
WYDZIAŁ GEOGRAFII
CHICAS
HACHE
#the_running_moms
Club di Giulietta
Vicolo Santa Cecilia 9
37121 Verona
dearjuliet@julietclub.com

13

Der ungewöhnlichste Briefkasten der Welt

CLUB DI GIULIETTA

Briefeschreiben ist lange her, erinnern Sie sich noch? Sie können Julia tatsächlich einen Brief schreiben und nicht nur das, Sie werden auch garantiert Antwort bekommen. Jeder Brief, der an „Giulietta, Verona" adressiert ist, wird sein Ziel erreichen.

Machen Sie sich keine falschen Hoffnungen, die Antwort wird einige Monate auf sich warten lassen. Ich habe meinen Brief acht Monate vor Erscheinen dieses Buches abgeschickt und bis dahin keine Antwort erhalten, aber ich kann natürlich verstehen, dass Julia alle Hände voll zu tun hat, und übe mich in Geduld. Jedes Jahr erreichen rund 50.000 Briefe die Stadt Verona, adressiert an Giulietta, Julia oder Juliet. Ihrem tragischen Liebesschicksal sei Dank ist Giulietta nicht nur Kult, sondern gilt weltweit als Expertin in Liebesdingen. Ein Kreis wackerer Freiwilliger hat sich im **Club di Giulietta** zusammengefunden und beantwortet jeden einzelnen Brief. Wenn Ihnen das mit dem Briefeschreiben zu altmodisch vorkommt, können Sie auch eine E-Mail an dearjuliet@julietclub.com schicken. Das bedeutet allerdings, dass Sie der Verlockung widerstehen müssen, einen handgeschriebenen Brief direkt in einen von Julias Briefkästen zu werfen. Diese sind signalrot wie die Liebe und befinden sich an Orten, die mit Julia zu tun haben. Einer befindet sich im Eingangsbereich zu Julias „Grab“, einer am Sitz des Club di Giulietta. Der Briefkasten im Innenhof der Casa di Giulietta ist nicht nur mit unzähligen Liebesäußerungen übersät, sondern besitzt sogar seinen eigenen kleinen Balkon.

Die Brieffreundschaft von Giulietta Capuleti mit den Liebenden in dieser Welt geht auf die 1930er-Jahre zurück. Da begann Ettore Solimani, Aufpasser am „Grab“ von Julia, das Teil des Freskenmuseums in der Via Luigi da Porto nahe dem Etschufer ist (siehe S. 112 ff.), auf die zahlreichen, am antiken Sarkophag hinterlassenen Briefe zu antworten. Er war sozusagen Julias erster Sekretär. Angesichts der nicht nachlassenden Flut von Briefen gründete der Shakespeare-Fan Giulio Tamassia mit Gleichgesinnten 1972 den Club di Giulietta und leitet ihn heute gemeinsam mit seiner Tochter Giovanna Tamassia.

VENEZIANISCHES DUFTERLEBNIS
Außergewöhnliche Essenzen und Parfums bei exzellenter Beratung erhalten Sie bei **The Merchant of Venice**.

Die Non-Profit-Organisation antwortet nicht nur in Julias Namen, sondern organisiert auch den „Premio Cara Giulietta“, einen Preis, der alljährlich den schönsten Briefen verliehen wird. In einer feierlichen Award-Zeremonie werden diese dem anwesenden Publikum vorgelesen, Eintritt frei. Kandidaten gibt es wirklich genug, denn Whatsapp, SMS und E-Mail zum Trotz schreiben Menschen Giulietta gerne Briefe. Diese kommen zum Beispiel aus Armenien, Mexiko, China oder Norwegen. Weil Julias 45 (!) Sekretärinnen stets ausgelastet sind, dürfen ihnen Freiwillige für einen Tag oder länger zur Hand gehen und eine *segretaria di Giulietta* sein. Die Sprache ist egal, unglücklich geliebt wird schließlich überall. Wenn Sie keine Lust auf ein derartig ungewöhnliches Praktikum haben, aber dafür gerne mal wieder jemandem einen Brief schreiben möchten, schauen Sie doch in der **Fabriano Boutique** vorbei. Das Sortiment ist *made in Italy* und bietet alles, was das von Hand sich mitteilende Herz begehrt: Notizbücher, Schreibwerkzeug, Leporellos, Lederwaren. Die 3-D-Grußkarten hätten auch Julia entzückt.

INFOS

Club di Giulietta: Vicolo Santa Cecilia 9, julietclub.com
Fabriano Boutique: Corso Porta Borsari 47
The Merchant of Venice: Corso Sant'Anastasia 10b, www.themerchantofvenice.com/en/content/21-store-verona

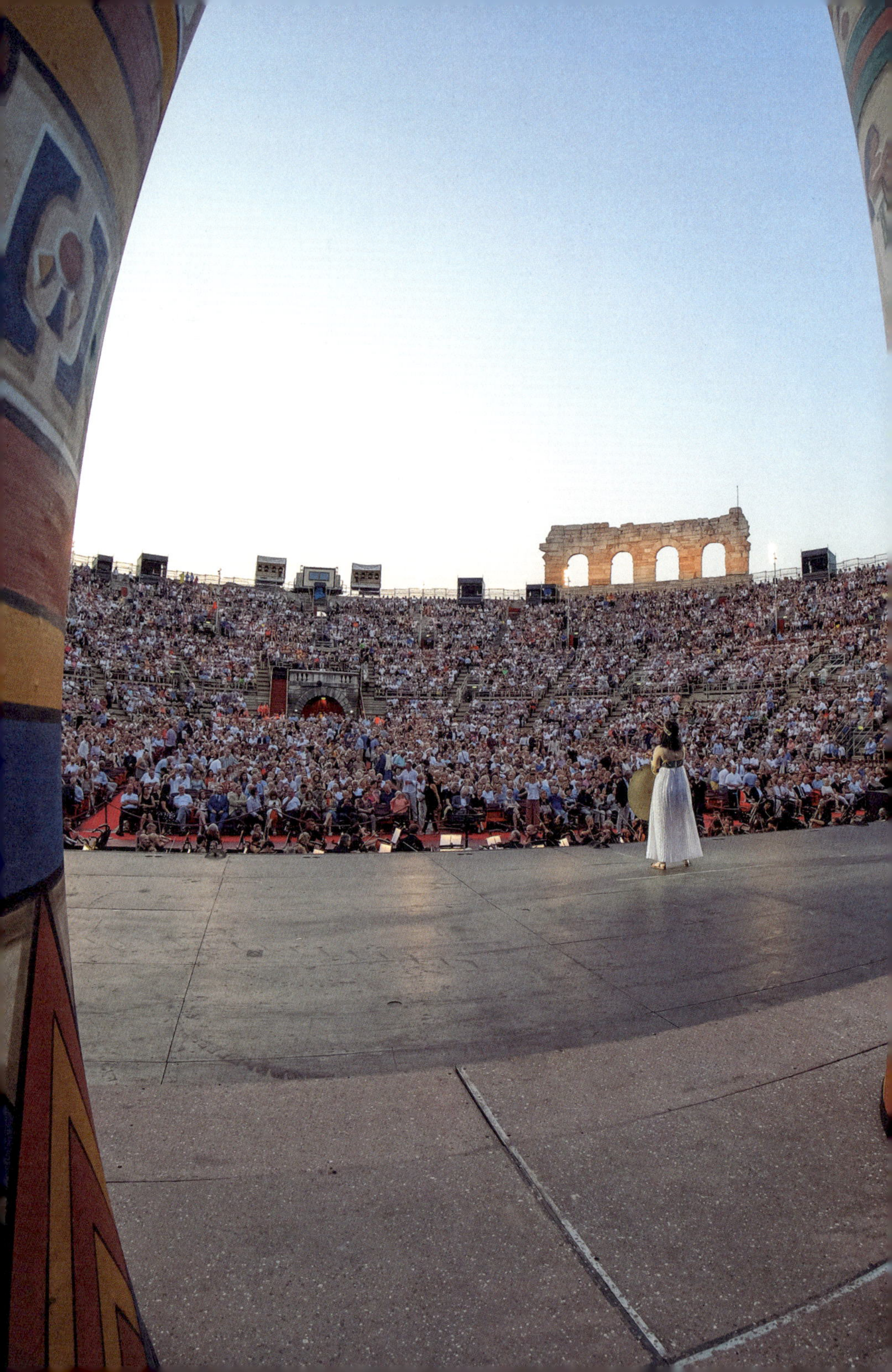

14

„Buh!“ und „Brava!“

ARENA OPERA FESTIVAL

Der Gänsehautmoment ist ein überstrapazierter Begriff, doch an einem Juliabend in der Arena lässt sich nur mühsamst ein anderer bemühen. Im Sommer finden auf der größten Opernbühne der Welt die Opernfestspiele statt. Da bleibt sogar Julia und ihrem Romeo nichts anderes übrig, als in der zweiten Reihe Platz nehmen.

Gegen Mitternacht regt sich das erste Lüftchen, von ferne sorgt ein Wetterleuchten für zusätzliche Lichteffekte. Sollten Sie auf den steinernen Stufen, den *gradinate*, Platz genommen haben, dürfen sich nicht nur einer besonders guten Akustik und eines günstigeren Eintrittspreises erfreuen, sondern werden auch den ganzen Abend lang nicht frieren. Die *gradinate* geben nämlich kontinuierlich die über den Tag gespeicherte Sonnenwärme ab. Den Gesäßmuskeln zuliebe ist ein Kissen oder ein zusammengefaltetes Badehandtuch keine schlechte Idee. Erstere verkaufen fliegende Händler vor Vorstellungsbeginn direkt vor der Arena. Die elliptische Form der Arena sorgt übrigens dafür, dass man an jedem Platz gut sehen und hören kann, was vorne passiert.

Nirgends sonst in Verona überbietet sich Italiens unübertroffene Meisterschaft der Inszenierung so eindrücklich wie hier. Kurz vor Vorstellungsbeginn werden die Zuschauenden aufgefordert, ein Licht zu schwenken. Früher wurden zu diesem Zweck eigens kleine Kerzen ausgeteilt, inzwischen erledigen es Handytaschenlampen. Da geht's schon los mit der Gänsehaut. Rund eineinhalb Stunden später, 22:45 Uhr: Auf der Bühne befinden sich ungefähr 200 Menschen, im Publikum 15.000. Und trotzdem können Sie eine Stecknadel fallen hören, wenn der Tenor uns am Schluss von „Celeste Aida" mit einem eingestrichenen B in piano oder gar pianissimo beglückt..

Die Atmosphäre ist nicht nur für das Publikum unvergleichlich. Sprechen Sie mit einer Opernsängerin, dem Regisseur oder der Dirigentin, einem Kontrabassisten oder Chorsänger, sie alle werden bestätigen: Die Arena bedeutet Herzklopfen wie nirgendwo anders. Vom Sopran bis zum Bass engagiert die „Fondazione Arena di Verona" nur die Stimmen, die es mit der Weite der Location aufnehmen können. Es sollen schließlich „Bravi!"-Rufe erschallen und nicht „Buh!".

UND IM WINTER?

Damit Chor und Orchester der Arena ganzjährig zu tun haben, finden im wunderschönen **Teatro Filarmonico** des 18. Jahrhunderts außerhalb der Sommermonate Konzerte, Ballett- und Opernabende statt.

Carmen, Aida, Nabucco & Co. werden unterstützt vom großen Orchester und einem Chor mit 180 Sängerinnen und Sängern. Das Erlebnis endet nicht mit der Akustik, die farbenfrohen Inszenierungen sind ein Augenschmaus. Die Stufen der Arena sind in die aufwendigen Kulissen integriert und sorgen für *special effects*, die es sonst nirgends gibt. Und wundern Sie sich nicht, wenn Pferde auf die Bühne traben! Dafür, dass alles reibungslos vonstattengeht, sorgen mehr als 300 Festangestellte. Das Programm wiederholt sich, mit wenigen Abweichungen, jedes Jahr, und alles wäre nichts ohne Giuseppe Verdi. Am 10. August 1913 wurde anlässlich seines 100. Geburtstags „Aida" aufgeführt, damit ging alles los. Aufgrund der hervorragenden Akustik konnte sich die Arena schnell als Konzertstätte etablieren. Schauplatz von „Aida" ist Ägypten zur Zeit der Pharaonen. Die äthiopische Königstochter Aida wird als Geisel nach Ägypten verschleppt. Der ägyptische Heerführer Radamès muss sich entscheiden – zwischen seiner Liebe zu Aida und seiner Loyalität dem Pharao gegenüber. Das dauert bis weit nach Mitternacht, doch die Popularität des Werks

ist ungebrochen: Massenszenen wie der Triumphmarsch begeistern, emotional aufgeladene Szenen wie der Abschied von Aida und Radamès berühren Tausende.

Das Festival schafft den Spagat zwischen Tradition und Sich-neu-Erfinden. Neben Neuinszenierungen bietet die Arena inzwischen diverse Backstage-Events an und ergänzt das Sommerprogramm durch Galaabende mit italienischen und internationalen Stars. An Aufführungsabenden befindet sich jedenfalls ganz Verona in Feierstimmung. Restaurants und Bars bleiben bis zum Morgengrauen geöffnet, am Premierenabend sollten Sie dort unbedingt reservieren. Dafür dürfen Sie mit etwas Glück Zeugin werden, wenn die Solistinnen und Solisten nach Vorstellungsende in Zivil erscheinen und eine weitere Runde Applaus entgegennehmen, bevor sie sich am Nachbartisch zum Dinner niederlassen.

INFOS

Arena di Verona: Piazza Bra, www.arena.it
Teatro Filarmonico: Via Roma 7/d, Infos zu sämtlichen Veranstaltungen: www.arena.it/it/teatro-filarmonico

„Oper ist für die Ewigkeit."

Seit 2018 leitet Cecilia Gasdia die „Fondazione Arena di Verona". In Verona geboren und aufgewachsen, studierte sie Klavier und Gesang. Als Sopranistin sang sie in über 2.000 Auftritten in mehr als 90 Opernrollen. In Italien schätzt man sie darüber hinaus als Jurorin von Gesangwettbewerben und Fernsehsendungen.

Wann sangen Sie zum ersten Mal in der Arena?
Mein Solodebüt gab ich 1983 als Liù in „Turandot". Zuvor hatte ich einige Jahre als Statistin und als Chorsängerin in der Arena mitwirken dürfen. Ich war noch Studentin und erinnere mich gut daran, wie aufgeregt ich war, neben den größten Künstlerinnen und Künstlern der Opernwelt zu stehen. Mein Solodebüt bedeutete für mich eine Heimkehr zu Freunden, allerdings mit einer großen Verantwortung auf einer noch größeren Bühne. Was für ein Abend!

In Ihrer aktiven Zeit als Sopranistin sangen Sie auf Bühnen in der ganzen Welt, in der Mailänder Scala, in Paris und an der MET in New York. Was macht einen Auftritt in der Arena so besonders?
Es gibt viele schöne Bühnen, doch keine ist wie die Arena. Nirgendwo sonst erwartet das Publikum sich so viel vom Erlebnis Oper wie hier. Ein Opernabend in der Arena muss der ursprünglichen Dramaturgie treu bleiben und begeistern – mit großen Stimmen und einer großen Anzahl von Menschen auf der Bühne. Während sich in einem jahrtausendealten Amphitheater ein großartiges Spektakel entfaltet, entsteht eine kollektive Umarmung unterm Sternenhimmel. Der Fluss der Energie zwischen Bühne und Publikum ist unvergleichlich.

Wenn wir von der Arena und ihren Sopranistinnen sprechen, begegnen wir unweigerlich La Divina, der Göttlichen, der großen Maria Callas.
Maria Callas wurde gewissermaßen in Verona geboren, menschlich wie künstlerisch. In der Arena gab sie ihr internationales Debüt („La Gioconda", 1947), in Verona lernte sie ihren Manager und Ehemann kennen, hier lebte sie viele Jahre lang.

Cecilia Gasdia

Verona und die Oper haben ihr viel zu verdanken. Ich höre ihre Schallplatten seit meiner Kindheit. Maria Callas hat die Oper entscheidend geprägt, sie zu einem Theater in der Musik gemacht, in dem die Sängerin Schauspielerin sein muss. Ihre Interpretationen sind bis heute maßgeblich für Stil und die Treue zur Partitur.

Als Oberintendantin der „Fondazione Arena di Verona“ sind Sie die erste Frau in dieser Rolle. Was ist Ihre Vision für die Arena?

Die Arena ist seit jeher ein Volkstheater, in dem sich jeder zum ersten Mal der Oper nähern kann. Zugleich finden hier bedeutende Opernproduktionen statt. Ohne Kompromisse bei der Qualität einzugehen, arbeiten wir daran, die besten Sängerinnen und Sänger in die Arena zu holen und die Aufführungen wahrlich grandios zu machen. Wir fühlen uns der großen Tradition der Arena verpflichtet und denken zugleich über neue Wege in die Zukunft nach – immer mit gebührendem Respekt vor der Oper, denn sie ist gemacht für die Ewigkeit.

Die Intendanz bedeutet einen Spagat zwischen künstlerischem Anspruch und Management. Wie werden Sie beidem gerecht?

Die Tatsache, dass ich Sängerin bin, hilft mir, ein besonderes Vertrauensverhältnis zu den mitwirkenden Künstlerinnen und Künstlern aufzubauen, egal ob es sich um etablierte Stars oder Newcomer handelt. Bei der Planung stehen künstlerische Entscheidungen im Vordergrund, zum Beispiel im Hinblick auf die Besetzung. Zugleich dürfen wir aber nie vergessen, kostenbewusst und mit großer Sorgfalt vorzugehen. So kann bei der Entwicklung eines neuen Bühnenbildes ein kleiner Fehler in der Planung längerfristig zu nicht unerheblichen Verlusten führen.

Sie sind in Verona geboren und aufgewachsen. Nennen Sie uns einen Lieblingsort?
Verona ist voller schöner Orte, seine sanften grünen Hügel bieten unvergessliche Ausblicke auf eine unvergessliche Stadt. Unter den historischen Orten ist die gotische Kirche Sant'Anastasia einer meiner Favoriten. Früher wohnte ich ganz in der Nähe und war immer wieder aufs Neue fasziniert, wie die jahrhundertealte Architektur der Kirche und ihre Fresken nebeneinander bestehen. Und natürlich sind die Arena und das Teatro Filarmonico als meine Arbeitsstätten zu meinen Lieblingsorten geworden. Die Piazza Bra wird an Sommerabenden zum schönsten Foyer der Welt, von dem sich loszureißen wirklich schwerfällt.

Infermentum

15

Der Pandoro und sein Cousin

„PALAZZO PANDORO“ UND INFERMENTUM

Als ob es unterm Jahr nicht romantisch genug wäre, legt Verona in der Weihnachtszeit noch einen drauf. Der Weihnachtsmarkt mit Original Nürnberger Würstchen und die Krippenausstellung gehören für die Einheimischen zum alljährlichen Pflichtprogramm. Und keinesfalls dürfen die traditionellen Weihnachtskuchen Pandoro und Panettone fehlen.

Der – von oben betrachtet – vage an einen Stern erinnernde Pandoro bestand ursprünglich nur aus Mehl, Zucker, Butter, Eiern und natürlicher Sauerteighefe, auf Italienisch *lievito madre*. Puristisch Veranlagte macht der *pandoro in purezza* nach wie vor wunschlos glücklich, die anderen schätzen Varianten mit Schokolade oder Limoncello oder kokettieren mit den unzähligen Spielarten, die Pandoros Mailänder Cousin, der Panettone, offeriert, mit Pistazien, Zitronenzesten, Feigen ... Die zwei italienischen Weihnachtskuchen besitzen eine uralte, bis heute quietschlebendige Tradition. Schon Plinius der Ältere soll gerne mal ein Stückchen zum Tee (oder was er sonst so in der Tasse hatte) genommen haben. Die italienische Ausgabe von „Harpers Bazar“ widmet ihnen alljährlich einen Beitrag.

PANETTONE-PARADIES
Wenn Ihnen die 15 Kilometer nach Grezzana zu weit sind, bekommen Sie den Panettone von Infermentum auch in der Stadt, zum Beispiel in der **Confetteria Giulietta e Romeo**.

Für die Menschen in Verona ist Pandoro Religion. Und weil die ohne Legendenbildung nicht auskommt, behaupten sie gerne, er sei in ihrer Stadt erfunden worden. Auch wenn die meisten inzwischen seinen Cousin Panettone bevorzugen. Aus Verona stammt jedenfalls der selbsternannte König des „goldenen Brotes", Domenico Melegatti. Er verkaufte im ausgehenden 19. Jahrhundert seine ersten Pandori, heute sind die Kreationen von Melegatti in Supermärkten in aller Welt zu finden. Seine Nachfahren zogen mit ihrer mittlerweile globalen Marke vor Jahrzehnten an den Stadtrand, doch sollten Sie zufällig auf dem Corso Porta Borsari an der Nummer 21 vorbeikommen, dem ehemaligen Sitz der Pasticceria Melegatti, bleiben Sie kurz stehen und schauen nach oben. Können Sie den steinhart gewordenen Pandoro erkennen? Dass das Gebäude im Veroneser Volksmund **Palazzo Pandoro** heißt, ist selbsterklärend.

Wenn Ihnen der Sinn nach Panettone steht, bekommen Sie großartige handwerklich hergestellte Exemplare bei **Infermentum**. In Grezzana gründeten die drei Freunde Elisa, Francesco und Luca vor zehn Jahren eine Panettone-Werkstatt. Sie sind keine ausgebildeten Bäcker, lieben den Weihnachtskuchen aber schon seit ihrer Kindheit und waren verrückt genug, in einer Garage mit Sauerteig herumzuwerkeln. Heute exportieren sie ihren Panettone bis nach Kalifornien und wenn Sie ein Stückchen davon probieren, wissen Sie warum. In der Manufaktur veranstalten die drei Freunde Events, bei denen Sie nicht nur erfahren, wie Panettone geht, sondern auch selbst mitbacken dürfen. Spoiler: Der Butteranteil ist nichts für schwache Nerven. Doch trösten wir uns einfach damit, dass Butter neben Fett auch jede Menge Antioxidantien und Linolsäure enthält und den weihnachtlichen Genuss fantastisch saftig macht.

Verona nimmt sich noch eine weihnachtliche Sonderrolle heraus. Die Kinder bekommen ihre Geschenke nicht wie anderswo zu Weihnachten, sondern rund zwei Wochen früher, zum Fest

der Santa Lucia. In der Nacht vom 12. auf den 13. Dezember liefert diese mithilfe ihres getreuen Helfers Gastaldo und eines schwer bepackten Esels die Geschenke. Da die drei Wackeren größere Stückzahlen nicht bewältigen könnten, beschränkt sich der Brauch auf Verona und die gleichnamige Provinz. In den Tagen um das Fest herum findet auf der Piazza Bra ein großer weihnachtlicher Markt statt. Sollte die heilige Lucia irgendetwas vergessen haben, kann sie sich dort mit Spielsachen und Süßigkeiten eindecken.

INFOS

„Palazzo Pandoro“: Corso Porta Borsari 21
Infermentum: Via Copernico 38, 37023 Stallavena (VR), www.infermentum.it
Confetteria Giulietta e Romeo: Via Stella 10A, confetteriagiuliettaeromeo.business.site

16

Großes Architekturkino

PALAZZO CANOSSA

Michele Sanmicheli, schon mal gehört? In Verona geraten die Menschen bei der bloßen Erwähnung des Renaissance-Architekten in Verzückung. Sanmicheli hinterließ seiner Stadt Paläste, Kirchen, Stadttore und allerlei mehr. Auf einem Spaziergang begegnen Ihnen einige seiner Meisterwerke.

Die Einheimischen sprechen von ihm wie von einem guten Bekannten, den sie vorletzten Samstag auf dem Wochenmarkt getroffen haben. Sanmichelis architektonische Schöpfungen sind eben unsterblich. Für die Veroneserinnen und Veroneser, deren Begeisterung für alles Schöne im Allgemeinen und für die Renaissance im Besonderen mitunter obsessive Züge annimmt, sind sie der pure Ausdruck von Schönheit.

Michele Sanmicheli wurde um 1487 in Verona geboren. Er entstammte einer Familie renommierter Bildhauer und wurde in Rom ausgebildet, wo er ganze 16 Jahre lang sein Metier perfektionierte. Er kam für damalige Zeiten viel herum und designte Bauwerke quer durch Oberitalien. Mit 40 war er zurück in seiner Heimatstadt und ließ es krachen: mit Palazzi, Kirchen, Stadttoren, einer Brücke und Grabmälern.

Selbst wenn Sie nur einige der in Verona verstreuten Meisterwerke besuchen, werden Sie gut und gerne einen halben Tag zu tun haben, dafür aber einen unvergesslichen Eindruck von Verona bekommen. Der Architekt griff bewusst auf die erhaltenen antiken Vorbilder zurück, von denen es in Verona wahrhaftig viele gibt. Sein unverwechselbarer Stil verleiht dem Stadtbild zusammen mit der römischen Architektur eine großartige ästhetische Kohärenz. Auf meinen Sanmicheli-Spaziergängen fühle ich mich deshalb immer wie von einem unsichtbaren Band gezogen, die Füße gehen praktisch von allein.

Auf dem Corso Cavour befinden sich gleich zwei Prunkstücke, der **Palazzo Bevilacqua** und der Palazzo Canossa. Der Corso ist heute eine Prachtstraße, zu Sanmichelis Zeiten besaßen die dortigen verschachtelt gebauten mittelalterliche Gebäude Festungscharakter. Seine Herangehensweise war für damalige Verhältnisse revolutionär, es ging ihm um Eleganz und Anmut mit einem Faible für Licht, Formen und Details. Nahe dem Castelvecchio steht der **Palazzo Canossa**. Das Erdgeschoss birgt Reminiszenzen an römische Triumphbögen, auf Höhe des Piano Nobile duellieren sich vertikale und horizontale Elemente. Niemand Geringerer als Gian Battista Tiepolo steuerte das Deckenfresko im Großen Saal bei, das allerdings im Zweiten Weltkrieg zerstört wurde. Der Palazzo war schon immer eine illustre Adresse. Es übernachteten hier Napoleon Bonaparte, Zar Alexander I. sowie die österreichischen Kaiser Franz Ferdinand und Franz Joseph. Sie dürfen das auch, wenn sie möchten. Die Veroneserin Anna Rudi hat mit großer Hingabe einige Zimmer restaurieren lassen. Highlight ist die *stanza del Vescovo*, das Zimmer des Bischofs von Bayeux. Sollte sie gerade einen Moment übrighaben, zeigt Anna ihren Übernachtungsgästen gerne die Hauskapelle und die frisch restaurierten Prachtsäle im Erdgeschoss.

WAS WOHL EIN ARCHITEKT MIT INS GRAB NIMMT?

Michele Sanmicheles sehenswertes Grab befindet sich in der Kirche **San Tomaso Cantuariense**. Seine Büste zeigt einen betagten Mann mit würdevollem Bart, mit Zirkel und Dreieckslineal darunter. Mozart spielte hier übrigens auf der Orgel.

Falls Sie noch weiter auf Sanmichelis Spuren wandeln möchten, empfehle ich Ihnen den Palazzo del Capitano auf der Piazza dei Signori, den Palazzo Pompei (heute Sitz des Naturkundemuseums) und den Palazzo del Podestà (heute Sitz der Präfektur) sowie die Stadttore Porta Nuova, Porta Palio und Porta San Zeno. Innendekoration konnte Sanmicheli auch. Der halbkreisförmige Chorumgang aus vielfarbigem Marmor im Dom lohnt einen Abstecher genau wie die Kuppel der Kirche San Giorgio in Braida.

INFOS

Palazzo Canossa: Corso Cavour 44. Übernachtungen unter www.roomscastelvecchio.com
Palazzo Bevilacqua: Corso Cavour 19
Kirche San Tomaso Cantuariense: Piazza San Tomaso 17, veronaminorhierusalem.it/san-tomaso-cantuariense

Corso Porta Borsari

17

Nicht totzukriegen

ARCO DEI GAVI UND CORSO PORTA BORSARI

Der Corso Porta Borsari ist eine Shoppingmeile der besonderen Art. Exklusiv und elegant, bleibt er stets bodenständig, war er doch einst Teil der Römerstraße Via Postumia. Auf ihm flaniert Verona besonders gern, auf der Suche nach handgemachten Schuhen *made in Italy*, Accessoires und Schmuck.

Der Name ist Programm, denn *borsa* bedeutet Tasche und Einkaufstüte. Ohne die geht hier nämlich gar nichts, auch wenn die Bezeichnung ursprünglich eine andere Bedeutung hat. Die Porta Borsari ist das gut erhaltene römische Stadttor zu Beginn des Corsos. Ihre Fassade mit dem Doppelbogen im unteren und den Rundbogenfenstern im oberen Teil inspirierte schon den Renaissancearchitekten Michele Sanmicheli zu seinen Palazzi auf dem Corso Cavour.

Verona benötigte Stadttore noch und nöcher, hatte es sich doch innerhalb kürzester Zeit zum Verkehrsknotenpunkt und zur florierenden Handelsstadt entwickelt. Die meisten liegen ein Stück weiter draußen. Veronas Alleinstellungsmerkmal bestand darin, dass sich hier gleich drei wichtige römische Straßen kreuzten. Die Via Gallica verband Verona mit Mailand, die Via Claudia Augusta führte über den Reschenpass nach Augsburg. Wenn es schon nicht gelingen wollte, ganz Germanien zur römischen Kolonie zu machen, wollte man immerhin Handel treiben. Bernstein von der Ostsee war südlich des Brenners ein beliebtes Accessoire.

Die Via Postumia führte von Genua über den Apennin durch die Poebene bis nach Aquileia und verband die beiden wichtigen Handelshäfen. In Verona nahm die Postumia den Weg über den heutigen **Corso Porta Borsari** bis zum Ponte Pietra und setzte sich auf der anderen Flussseite fort. Bei Kanalarbeiten auf dem Corso Cavour kam vor einigen Jahren der Straßenbelag aus schwarzem Basalt zum Vorschein. Am Triumphbogen **Arco dei Gavi** können Sie überirdische Überbleibsel davon bewundern. Der Arco war so etwas wie der Trump Tower des ersten nachchristlichen Jahrhunderts, in Auftrag gegeben von der schwerreichen Familie Gavi, die mit ihm Macht, Einfluss und Prestige zur Geltung brachte.

IM PASTA-HIMMEL

Alles, was Sie an Ausstattung für das eigenhändige Anfertigen von Tagliatelle, Ravioli und Tortellini jemals brauchen könnten, und vieles mehr an Küchenbedarf finden Sie im Geschäft **Soufflé**.

Dass der Arco abseitssteht und sich in Richtung Flussufer wendet, mutet merkwürdig an. Das liegt daran, das er etwa 100 Meter von seinem ursprünglichen Ort entfernt steht. 1.800 Jahre lang hatte er, um 90 Grad gedreht und weiter stadteinwärts gelegen, die Via Postumia überwölbt. Wer weiß, ob das nicht so geblieben wäre, hätten 1796 nicht die Franzosen Verona besetzt. Von 1801 bis 1814 teilten sie sich die Stadt widerwillig mit den Habsburgern. Das österreichische und das französische Verona lagen einander schwer bewaffnet gegenüber, mit der Etsch als natürlicher Grenze. In derart aufgeladenen Zeiten war den Franzosen der Triumphbogen schlicht im Weg. Sie ließen ihn 1805 abreißen, waren aber immerhin so gnädig, die Teile auf der Piazza Cittadella für eine spätere Verwendung einzulagern.

Erst im vereinten Italien regte sich die Initiative, den Arco wieder aufzubauen. Glücklicherweise hatte der Architekt Giuseppe Barbieri ein hölzernes Modell angefertigt, das heute im **Museo Archeologico** (siehe S. 122 f.) gut behütet wird (schließlich kann man nicht wissen, ob man es wieder mal brauchen wird). Ebenfalls hilfreich war die historische Aufrisszeichnung, die kein an-

derer als Andrea Palladio entworfen hatte, Architekt für die Landsitze der Reichen und Schönen des Veneto im 16. Jahrhundert. Seit 1932 triumphiert der Arco dei Gavi wieder in voller Pracht, aus verkehrstechnischen Gründen allerdings auf die Seite gestellt.

INFOS	**Arco dei Gavi:** Piazzetta Castelvecchio **Soufflé:** Corso Cavour 15

18

Betreten verboten

CASTELVECCHIO

Keine andere Herrscherfamilie prägte Verona so nachhaltig wie die Skaliger. Sie ließen in ganz Oberitalien zahlreiche Burgen und Festungen erbauen. Der Castelvecchio ist die prächtigste. Die Anlage war der Zufluchtsort, dessen die Skaliger dringend bedurften.

Die Randlage am Etschufer hatte Cangrande Della Scala II. bewusst gewählt. Die Tyrannendynastie befand sich in einer Abwärtsspirale und hatte den Rückhalt in der Bevölkerung längst verloren. Die Festungsanlage **Castelvecchio** wurde im Eilverfahren errichtet und sollte vor allem als Zufluchtsort bei Revolten der Veroneser dienen. Letztere hatten allmählich genug von den selbstherrlichen Despoten. Da man erfahrungsgemäß nicht mal vor der eigenen Verwandtschaft sicher war, zog man eilig weg, vom Palast nahe der Piazza dei Signori in die damalige Peripherie. Ihren Niedergang konnten die Della Scala damit aber nicht aufhalten. Da half ihnen auch die Brücke, der Ponte Scaligero, nichts, die sie sicherheitshalber bauen ließen. Heute ist diese für alle, die Straßenmusik und großartige Ausblicke genießen möchten, frei begehbar, doch ursprünglich war sie ein Fluchtweg und nur von der Burg aus zugänglich.

Es kam, wie es kommen musste. Cangrande II. wurde von seinem Bruder Cansignorio ermordet, der es sich nicht nehmen

MAILÄNDER SCALA
Die weltberühmte Scala in Mailand verdankt ihren Namen Beatrice Della Scala, Tochter von Mastino II., Gattin eines Visconti. Als die von ihr gestiftete Kirche Santa Maria Della Scala 1776 dem neuen Opernhaus weichen musste, erhielt dieses ihren Namen.

ließ, die neu erbaute Festung opulent ausstatten zu lassen. Das machte ihn beim steuerzahlenden Volk nicht gerade beliebter. Während seine Söhne damit beschäftigt waren, einander umzubringen, war es dann schließlich so weit: Mächtige Veroneser Adelsfamilien verbündeten sich und liefen zu den Visconti aus Mailand über. Die marschierten 1387 mit ihrem Heer in Verona ein. Der übrig gebliebene Antonio Della Scala floh per Boot über die Etsch und starb kurze Zeit später, vermutlich an einem Giftanschlag. Die Tatsache, dass sich die Visconti ihren Vorgängern nicht unähnlich in innerfamiliäre Fehden verwickelten, ließ die Familie Da Carrara aus Padua nach Verona greifen. Ungefähr zur selben Zeit begann die Serenissima, ihr Herrschaftsgebiet auf Teile Oberitaliens auszubreiten. 1405 ergab sich die Stadt kampflos den Venezianern, um fast vier Jahrhunderte lang venezianische Provinz zu sein.

Mit dem Castelvecchio ging Verona jahrhundertelang nachlässig um, die jeweiligen Machthaber nutzten es als Kaserne, Arsenal und Pulvermagazin. Erst in den 1920er-Jahren begann man, das mittelalterliche Kastell zum Kunstmuseum umzubauen. Die im **Museo di Castelvecchio** ausgestellten Werke reichen von der frühen Bildhauerei über die Malerei der Gotik bis zu Gemälden der Renaissance und des Barock. In ganz Italien ist das Museum berühmt für seine Konzeption, die der Architekt und Designer Carlo Scarpa (1906–1978) ab den späten 1950er-Jahren verwirklichte.

Auf dem Besucherrundgang verknüpfen sich die Kunstwerke mit den sichtbar gemachten Restaurierungsarbeiten im Kastell zu einer Reise durch Kunst, Geschichte und Architektur, die das Zeug hat, auch Kinder und Jugendliche zu faszinieren. Irgendwie schließt sich damit ein Kreis. Trotz Selbstherrlichkeit, Skrupellosigkeit und dem Hang zur Dekadenz waren die Skaliger den Künsten zugetan, boten großen Malern und Dichtern wie Dante und Petrarca Betätigung und Auskommen. Dass heute Kunstwerke vom Rang eines Paolo Veronese und dessen Kollegen wie Pisanello, Mantegna, Tintoretto und Tiepolo im *museo* vertreten sind, würde die Skaliger sicherlich noch selbstverliebter lächeln lassen. Es kann kein Zufall sein, dass wir hier dem Original der berühmten Reiterstatue Cangrandes I. begegnen. Er lässt sich sichtlich erfreut von allen Seiten und im Close-up betrachten. Die einzige Frage ist, ob sein Lächeln tatsächlich nur selbstzufrieden ist oder gar eine Spur spöttisch – oder ganz einfach nur freundlich?

INFOS

Museo di Castelvecchio: Corso Castelvecchio 2, museodicastelvecchio.comune.verona.it

19

1001 Risotti aus dem karierten Meer

TRATTORIA TRE RISOTTI

Ohne Risotto geht in Verona gar nichts. Idealerweise stammt der Reis dafür aus der unmittelbaren Nähe. Die Poebene ist nicht nur topfeben, sondern auch fruchtbar. Südlich von Verona, in der Bassa Veronese erstreckt sich ein Meer von Reisfeldern. Reis wird dort schon seit dem 16. Jahrhundert kultiviert.

In der Bassa Veronese wächst hauptsächlich die Sorte *Vialone Nano*. *Nano* bedeutet Zwerg. Der *Vialone Nano Veronese* ist eine geschützte geografische Angabe. Die Menschen in Verona halten ihn in Ehren. Sie gehen nicht nur in die Pizzeria, sondern zur Abwechslung auch gerne mal in die *risotteria*. Sie müssen aber nicht eigens eine *risotteria* suchen. In den meisten *osterie, trattorie* und *ristoranti* bekommen Sie einen mehr als anständigen Risotto serviert.

Mehr als 1.000 Jahre Geschichte hat der Reis in Europa hinter sich. Aus China war er in den Nahen Osten gereist und von dort weiter nach Nordafrika, Spanien und Sizilien. In der Poebene wollte er gerne bleiben, bieten dessen flache, sumpfige Felder doch nahezu perfekte Bedingungen. Aus der Luft betrachtet ist leicht nachzuvollziehen, warum man die riesigen, rechteckigen Reisfelder als kariertes Meer (*mare a quadretti*) bezeichnet. Wenn sie unter Wasser stehen, spiegeln sie den Himmel. Kurz vor der Aussaat fluten die Landwirte ihre Felder. Damit der Reis nicht obenauf schwimmt, wird er vorgequollen. Die ursprünglich aus den Tropen stammende Pflanze keimt zügig, Reispflanzen erreichen eine Höhe von bis zu 160 Zentimetern. Wenn die Reife einsetzt, wird das Wasser abgelassen.

WO DER REIS HERKOMMT

Die **Strada del Riso Vialone Nano Veronese** führt durch 20 Gemeinden, vorbei an mittelalterlichen Burgen, Villen aus dem 17. und 18. Jahrhundert und natürlich an Reisfeldern, soweit das Auge reicht.

Bis vor einigen Jahrzehnten bedeutete der Reisanbau harte körperliche Arbeit. Diese leisteten hauptsächlich Frauen, *mondine* genannt (*mondare* bedeutet putzen). Monatelang wateten sie durchs Wasser, pflanzten, rupften Unkraut und brachten die Ernte ein. Mit gebeugtem Rücken, in der prallen Sonne und geplagt von Millionen von Stechmücken. Mit der Einführung von Spritzmitteln, Traktoren und Mähdreschern verschwanden die Saisonarbeiterinnen, die Mücken sind geblieben.

Anders als in anderen Ländern wird Reis in Italien als eigenständiges Gericht serviert und es gibt landauf, landab eine schier unendliche Vielzahl an Zubereitungsarten für den Risotto. Hochburgen sind die Lombardei, das Piemont und der Veneto. Der „Gambero Rosso" zeichnet alljährlich die besten *risotterie* aus und man kann sogar einen Reissommelierkurs besuchen. In der Küche braucht es für Risotto nicht nur einen qualitativ hochwertigen Reis, sondern auch Gespür. Wir wollen schließlich keine Matschpampe auf dem Teller haben. In Isola della Scala südlich von Verona reiht sich eine *riseria* an die andere. Wenn Sie noch nie in einem Reis-Outlet eingekauft haben, bekommen Sie dort Gelegenheit dazu.

Sollten Sie sich lieber bekochen lassen, empfehle ich Ihnen die **Risotteria Tre Risotti**. Die liegt in Fußnähe der Altstadt und serviert mehr Risottovarianten als es Tische gibt – von wegen *tre risotti*! Die Speisekarte liest sich wie ein Gipfeltreffen der geschützten Angaben. Die Einheimischen frönen gerne dem *risotto*

all'Amarone und dem *risotto al radicchio e Monte Veronese*. Letzterer ist ein halbfester Schnittkäse, den es seit dem frühen 11. Jahrhundert gibt und der den aus Bayern eingewanderten Zimbern zugeschrieben wird. Vor Jahrhunderten war der *Monte Veronese* derart begehrt, dass er sogar als Zahlungsmittel kursierte. Sie dürfen aber auch gerne in bar oder mit Karte bezahlen.

INFOS

Trattoria Tre Risotti: Via Luigia Poloni 15, Tel. 045 594408, www.ristorantetrerisotti.it
Strada del Riso Vialone Nano Veronese: www.stradadelriso.it

Maria Callas in Verona

Die Göttliche: Maria Callas

Unzählige Göttinnen und Götter sind in den letzten zwei Jahrtausenden verehrt worden. In Verona hat keine so viel Anbetung erfahren wie Maria Callas, die hier ihren unsterblichen Ruf begründete. Laut Franco Zeffirelli, den als weltbekannter Opern- und Filmregisseur eine langjährige Arbeitsbeziehung und Freundschaft mit *La Divina* verband, begann mit der Callas eine neue Zeitrechnung.

Zeffirelli unterschied zwischen der Ära *a. C.* und der Ära *d. C.* – *avanti Callas* und *dopo Callas*. Nach ihrer Ankunft in Verona im Jahr 1947 stieg die amerikanische Sopranistin mit griechischen Wurzeln im Nobelhotel Accademia ab, wo sie gut zwei Jahre lang ein- und ausging. Dort abends in der Bar mit einem Drink in der Hand in eines der Ledersofas zu sinken und sich vorzustellen, dass die Diva in persona zufällig vorbeischreitet, kann ein angenehmer Zeitvertreib sein.

Die Callas schrieb einmal, dass sich in Verona die prägendsten Ereignisse ihres Lebens abgespielt hätten, beruflich wie privat. Mit 23 Jahren in der riesigen Arena einen Achtungserfolg hinzulegen erfordert tatsächlich mehr als nur Talent. In den ersten vier Jahren verzehnfachte sich die Abendgage der Callas von 40.000 auf 400.000 Lire. 1949 heiratete sie einen waschechten Veroneser, den Ziegelsteinunternehmer und ihren Manager Giovanni Battista Meneghini. Das Ehepaar logierte zuerst im Stradone San Fermo 21 und später in der Via Leoncino 14, die beide nur einen Steinwurf von der Arena entfernt liegen.

Maria Callas wurde zur Ikone, gastierte in allen großen Opernhäusern der Welt, doch Verona blieb über Jahrzehnte ihr Lebensmittelpunkt. In die Villa ihres Mannes im nahen Zevio zog sie sich zurück, um im Garten zu proben. Nicht wenige Dorfbewohner erinnern sich noch gut daran. 2023 wäre Maria Callas 100 Jahre alt geworden und ihr Mythos ist lebendig wie nie. Fans verehren sie auf nahezu religiöse Weise, Schauspielgrößen wie Fanny Ardant, Angelina Jolie und Eva Mattes haben sehens- und hörenswerte Annäherungsversuche unternommen. Das Leben der Callas war einem Film

nicht unähnlich, gespickt mit berauschenden Bildern und reich an Pathos. Überwältigenden Erfolgen auf der Bühne standen tiefe persönliche Krisen gegenüber. „Kein Kind, keine Familie, kein einziger Freund", schrieb sie in einem Brief kurz vor ihrem Tod 1977. Ihre unglückliche Liaison mit dem griechischen Milliardär Aristoteles Onassis bot der Klatschpresse jahrelang bestes Futter.

Ungeachtet all dessen war die Callas eine Meisterin der Selbstoptimierung, die jede professionelle *Life Coach* vor Neid erblassen ließe. Sie übte bis zur völligen körperlichen Erschöpfung und stand auch mit schwer verstauchtem Knöchel auf der Bühne. Dank einer geheimnisumwobenen Radikaldiät verlor sie angeblich ein Drittel ihres Körpergewichts. Immer wieder wird behauptet, dass diese Diät Anteil an der frühen Abnutzung der Stimme der Callas hatte und ihren bis heute rätselhaften Tod mit nur 53 Jahren verursachte.

HEIMLICHE HOCHZEIT

Maria Callas und Giovanni Battista Meneghini heirateten unter Ausschluss der Öffentlichkeit. Die Zeremonie fand in der Privatkapelle der Padri Filippini statt.

Was Callas' Eigenschaften als Primadonna betrifft, sind Opernfans geteilter Meinung. Ihre Anhängerschaft verweist verzückt auf den großen Stimmumfang, die hemmungslose Überschreitung technischer Grenzen und eine unerreichte emotionale Ausdrucksfähigkeit. Kritiker bemängeln den Mangel an Perfektion und den sogenannten Tropfen Essig in Callas' Gesang. Unbestritten ist, dass die Stimme der Maria Callas für immer im Ohr bleibt.

INFOS

Hotel Accademia: Via Scala 12, www.hotelaccademiaverona.it
Privatkapelle der Padri Filippini: Via Filippini 16; nur nach Vormerkung: Tel. 045 8002823

20

Gipfeltreffen der Heiligen

KIRCHE SAN FERMO MAGGIORE

Sind Ihnen schon mal 416 Heilige auf einmal begegnet? Noch dazu in einem umgedrehten Schiffsrumpf? In der Kirche San Fermo gilt das Prinzip 3-in-1, Sie besichtigen streng genommen nämlich gleich drei Kirchen auf einmal.

Der heilige Fermus und der heilige Rusticus sollen am Etschufer unweit der Stelle ihr Leben gelassen haben, an der die heutige Kirche steht. Mit amtlichem Namen heißt sie **Santi Fermo e Rustico**, der Volksmund hat Rusticus allerdings aus dem Kirchennamen gecancelt. Der Eingang befindet sich nicht am Hauptportal, sondern führt durch den Kreuzgang des aufgelassenen Klosters. Dann müssen Sie sich entscheiden – oben oder unten anfangen?

Ich bin zuerst in die untere Kirche hinabgestiegen. Dort ist nullkommanull Handyempfang, das allein macht den Besuch schon zu einem Vergnügen. Der Straßenverkehr rauscht zwar nur wenige Meter entfernt vorbei, wirkt aber weit weg, so laut dröhnt hier unten die Stille. Wenn Sie der Romanik zugeneigt sind, werden Sie ein Weilchen hierbleiben wollen. Die Benediktiner errichteten die Unterkirche zur Aufbewahrung der Reliquien ihrer beiden Heiligen. Den dreischiffigen Bau unterteilt eine stattliche

BESUCH BEI DEN DANTE-NACHKOMMEN
Italiens Nationaldichter Dante Alighieri sah San Fermo nur als Baustelle. Nach deren Fertigstellung wurden seine Urgroßenkel Ludovico und Pietro in der **Alighieri-Kapelle** in der Oberkirche beigesetzt.

Anzahl von Zentralpfeilern. Die sind unabdingbar, ruht auf der Kirche schließlich noch eine weitere, doch die sehen wir uns später an.

Bei der jüngsten Restaurierung des Gewölbes kamen zahlreiche Fresken aus dem 12. bis 14. Jahrhundert zum Vorschein, auf Wänden, Pfeilern und Säulen. Die wirken auf mich so lebendig, als seien sie höchstens 90 und nicht bis zu 900 Jahre alt. Bevor Sie sich auf den Weg nach oben machen, werfen Sie einen Blick auf die Fußböden in den Seitenschiffen. Für ihren Kirchenbau hatten die Benediktiner Kirche Nummer Zwei, den frühchristlichen Vorgängerbau, abgetragen, den aus dem fünften Jahrhundert stammenden Fußboden aber teilweise und auch heute noch gut sichtbar bewahrt.

Auf der ersten und der zweiten Kirche sitzt die Oberkirche. Hier eröffnen sich so viel Licht, Höhe und Weite, dass der Kontrast zu unten nicht größer sein könnte. Das geht aufs Konto der Franziskaner, die 1261 Kirche und Kloster von den Benediktinern übernahmen. Während eines fast 100 Jahre dauernden Umbaus gotisierten sie gründlich. Der Grundriss hat die Form eines Kreuzes und orientiert sich an dem der romanischen Unterkirche. Die Franziskaner leisteten ganze Arbeit: Dank fünf Apsiden und vielen Seitenkapellen hat die Kirche mit dem einst nüchtern gehaltenen Bau nicht mehr viel gemeinsam. Da frage ich mich schon, was heute ein Denkmalpflegeamt dazu sage würde, besonders angesichts der Tatsache, dass im Laufe der Jahrhunderte unzählige Altäre, Kapellen, Grabmonumente und Fresken hinzukamen.

Sehen Sie sich alles in Ruhe an, doch bevor Sie zusammenbrechen, reservieren Sie noch Kraft und Energie für die riesige Holzdecke. Die ist eine der ungewöhnlichsten des Mittelalters. 52 Meter lang und 18 Meter breit, erinnert die Kassettendecke an einen umgedrehten Schiffsrumpf. Im 14. Jahrhundert begonnen, brachten die Franziskaner auf ihr sage und schreibe 416 Heiligenporträts unter. 1.200 Rotlärchen aus dem Trentino mussten dafür ihr Leben lassen und die Etsch hinunter geschippert werden. Der Baum ist bekannt für seine Langlebigkeit, in San Fermo trotzte

sein Holz Blitzeinschlägen, Wassereinbrüchen, Erdbeben und sogar der Bombardierung der nahe gelegenen Etschbrücke im Zweiten Weltkrieg. Getragen von einem komplexen Fachwerkgerüst, sind in dieser beispiellosen Pinakothek alle vertreten: Männer und Frauen, Nonnen und Mönche, Könige und Königinnen, Adelige und Bischöfe. Keine Sorge, für die nähere Betrachtung müssen Sie kein Fernglas dabeihaben. Ein großer Monitor erklärt Ihnen das Monumentalkunstwerk im Detail. Ahoi!

INFOS

Chiesa di San Fermo Maggiore: Via Dogana 2, www.chieseverona.it/it/le-chiese/la-chiesa-di-san-fermo

21

Leeres Grab, voll romantisch

TOMBA DI GIULIETTA

Die Zypressen, die den Weg zu Julias „Grab“ säumen, stimmen gleich aufs Thema ein, schließlich symbolisieren sie Trauer und die Hoffnung aufs ewige Leben. In der Krypta des ehemaligen Klosters steht ein echter antiker Sarkophag, allerdings ist er leer und ohne Deckel.

Der österreichische Erzherzog Johann soll den Deckel gekauft und mitgenommen haben. Dass Julia in dem Sarkophag aus rotem Veroneser Marmor ihre letzte Ruhe gefunden hat, entbehrt ohnehin mal wieder jeder historischen Grundlage, doch das sind wir in Sachen *Romeo e Giulietta* ja gewöhnt. Im Geiste ist Julia bei uns und mit ihr die Hoffnung auf die ewige Liebe, die jeden Fake überdauert. Der Hype um das Grab hatte im 18. Jahrhundert begonnen und wuchs und wuchs und wuchs. Der Dichter Lord Byron und der Schriftsteller Charles Dickens sollen tief bewegt gewesen sein. „So I went off to an old, old garden, once belonging to an old, old convent“, näherte sich Dickens dem Offenbarungsmoment. Die französische Kaiserin und zweite Gattin Napoleons, Maria-Louise von Österreich, soll sich aus Teilen des roten Marmors Ohrringe und eine Halskette haben machen lassen. Das nenne ich eine wahrhaftig *limited edition*. 1820 äußerte sich der

Veroneser Präfekt besorgt, dass von dem Sarkophag bald nichts mehr übrig sein werde, wenn es so weitergehe.

Bis Mitte der 1930er-Jahre stand der Sarkophag auf dem verwilderten Friedhof des ehemaligen Franziskanerklosters und rührte dort die Herzen der Liebenden. Wahrscheinlich wäre das so geblieben, wären nicht eines Tages einige Vertreter der US-amerikanischen Filmproduktions- und Filmverleihgesellschaft Metro-Goldwyn-Mayer vorbeigekommen. Sie waren auf der Suche nach Szenenbildern für ihren neuen Streifen „Romeo and Juliet". Der Film wurde schlussendlich gar nicht in Verona gedreht, doch sein durchschlagender Erfolg ließ den Museumsleiter Antonio Avena auf einen Touristenansturm hoffen. Da die Schlussszene des doppelten Selbstmords in einer Krypta stattfand, ließ er den Sarkophag kurzerhand in die Klosterkrypta verfrachten.

Die Rechnung ging auf, bis heute versammeln sich Liebende aus aller Welt am leeren Grab in der Gruft und finden das voll romantisch. Wenn Sie möchten, können Sie in der feucht-kühlen Krypta sogar standesamtlich heiraten. Oder das sich ebenfalls im Klosterkomplex befindliche **Museo degli Affreschi** besichtigen. Dort sind neben Statuen großartige Freskenzyklen aus Veroneser Gebäuden unterschiedlicher Epochen zu sehen, darunter auch welche aus dem prachtvollen Palast der Skaliger. Die Fresken wurden von Wänden in Kirchen und Palästen abgenommen, als 1882 ein Jahrhundert-, wenn nicht Jahrtausendhochwasser, große Teile der Stadt verwüstete. Viele Gebäude mussten abgerissen werden, weil sie entweder einsturzgefährdet waren oder den neuen Hochwasserschutzmaßnahmen Platz machen mussten. Im Museum fanden die Fresken ein neues Zuhause. Wenn Sie sich fragen, wie man eigentlich ein Fresko von einer Wand abnimmt und andernorts wieder auf eine Wand aufbringt, werden Sie in Do-it-yourself-Videos vom Baumarkt nicht fündig werden. Doch das macht nichts: Im Museum werden die entsprechenden Verfahren ausführlich erklärt.

MORBIDE SCHÖNHEIT

Auf dem nahegelegenen **Cimitero Monumentale** inszenierte die Veroneser Bürgerlichkeit im späten 19. und frühen 20. Jahrhundert mit aufwendig gestalteten Grabmonumenten und Skulpturen die menschliche Vergänglichkeit.

INFOS

Museo degli Affreschi „G. B. Cavalcaselle“ alla tomba di Giulietta: Via Luigi da Porto 5, museodegliaffreschi.comune.verona.it

Cimitero Monumentale: Piazzale del Cimitero, www.agec.it/cimiteromonumentale

22

Wehret der Reizüberflutung

TRATTORIA L'ALTRA COLONNA

Haben Sie schon mal vom Stendhal-Syndrom gehört? Der italienischen Ärztin Graziella Magherini fielen in den 1970er-Jahren als Leiterin der psychologischen Abteilung eines Florentiner Krankenhauses gehäufte Krankheitsfälle unter ausländischen Touristen auf. Der Auslöser? Kulturelle Reizüberflutung.

Zu den Symptomen zählen unter anderem Panikattacken, Ohnmachtsanfälle und Halluzinationen. Magherini interpretierte diese als Reaktion auf die Fülle an Kunstwerken und Eindrücken. Dass ein Zuviel an Schönheit Krankheitsgefühle hervorrufen kann, war auch Wissenschaftlern wie Sigmund Freud aufgefallen. Magherini war die erste, die das Krankheitsbild wissenschaftlich untersuchte und beschrieb. Sie benannte das Syndrom nach dem französischen Schriftsteller Marie-Henri Beyle, bekannt unter dem Pseudonym Stendhal.

Stendhal hatte sich bereits bei seiner Ankunft in Florenz 1817 wie vom Wahn gepackt gefühlt und konnte bald keinen klaren Gedanken mehr fassen, wie er in seiner „Reise in Italien" eindrucksvoll beschrieb: „Ich befand mich bei dem Gedanken, in Florenz zu sein, und durch die Nähe der großen Männer, deren

BRIGATE GIALLOBLU
l'altra

Gräber ich eben gesehen hatte, in einer Art Ekstase. Als ich Santa Croce verließ, hatte ich starkes Herzklopfen; in Berlin nennt man das einen Nervenanfall; ich war bis zum Äußersten erschöpft und fürchtete umzufallen.“

Die Krankheit schlägt auch in Verona gnadenlos zu. Die Sinne treiben schließlich Hochleistungssport und machen irgendwann schlapp. Im *centro storico* gibt es kaum einen Ort, an dem nicht an jeder Ecke ein neues Wunder wartet. Auch wenn mir behandlungsbedürftige Symptome erspart blieben, hat mich das Verona-Syndrom oft müde gemacht. Beim kulturellen Overkill hilft zum Glück eine Pause. Und da wir ja nicht von der Kunst allein leben, lässt sich diese hervorragend mit dem Rückzug in eine möglichst reizarme Trattoria verbinden.

L'Altra Colonna ist dafür bestens geeignet. Nur einen kurzen Spaziergang von der Piazza Bra entfernt, liegt sie in einem wohltuend langweiligen Stadtviertel. Es fällt einfach leichter, Bürogebäude, Arztpraxen und Nagelstudios zu ignorieren als römische Ruinen und Renaissancepaläste. Drinnen sitzen Locals an einfachen Holztischen, die Speisekarte bietet neben Pasta und Risotto typische Veroneser Spezialitäten wie Polenta mit *soppressa*, Steinpilzen und Gorgonzola oder traditionelle Gerichte mit Kaninchen, Pferd oder Esel drin. Die Einheimischen kommen der *cotoletta alla milanese* wegen her. Was wir als Wiener Schnitzel kennen, ist hier bekannt als *la miglior cotoletta di Verona.*

LA COLONNA BEDEUTET SÄULE
Im Schwesternrestaurant **La Colonna** speisen Sie im ziegelsteingemauerten Gewölbe und neben der namensgebenden Säule bei gleicher Speisekarte genauso gut wie in L'Altra Colonna (die andere Säule)

Die Schnitzel gibt es als *classica* und in acht weiteren Varianten, jeweils in drei Größen. Seien Sie gewarnt, die *piccola* ist alles andere als klein und hat schon manchen guten Esser überfordert, von der *media* und *grande* ganz zu schweigen. Die Variante *rustica* erfreut mit Pancetta, Kartoffeln und Rosmarin, die *Trevigiana* mit Radicchio und Gorgonzola, und beim Schnitzel gilt stets: innen zart und saftig, außen knusprig. Vegetarier fühlen sich in L'Altra Colonna ebenfalls wohl, zum Beispiel bei *penne all'arrabbiata, gnocchi con salsa piemontese* oder *pasta e fagioli*. Lehnen Sie sich zurück, tafeln Sie und schöpfen Sie neue Kraft. Draußen warten neue Wunder.

INFOS

Trattoria L'Altra Colonna:
Via Tezone 1C, Tel. 045 591455, www.altracolonna.it
Trattoria La Colonna: Largo Pescheria Vecchia 4, Tel. 045 596718, www.trattoriaallacolonna.it

TILLWERTH Cadet
1865
Oberlintner
Cadet 9/11 1865

23

Heiliges Graffiti

BASILIKA SAN ZENO MAGGIORE

Der heilige Zeno ist Veronas Stadtheiliger. Ein ganzer Stadtteil hört auf seinen Namen. Dort ist nicht nur einer der ältesten *carnevali* Italiens daheim, sondern auch die Basilica di San Zeno. Zeno lebte im vierten Jahrhundert und war der achte Bischof der Stadt.

Er stammte aus Nordafrika und kam vermutlich im heutigen Marokko oder in Algerien zur Welt. Gut ausgebildet und schriftstellerisch bewandert, leitete Zeno von etwa 362 bis 371 das Bistum Verona. Das Christentum befand sich noch in der Aufbauarbeit und verlangte echtes Commitment. Anhänger mussten sich gegen heidnische Tempel, Orakel und Mysterienkulte behaupten und aufpassen, nicht mir nichts, dir nichts als Märtyrer zu enden. Die Berichte über Zenos Leben sind lückenhaft. Er habe seinen Lebensunterhalt mit Fischfang an der Etsch bestritten, erzählt die Legende. Fromme Erfindung oder nicht, Zeno wurde bereits zu Lebzeiten verehrt. Nach seinem Tod ließen Anhänger eine Kirche über dem Grab errichten, und bald ging es los mit den Wundern. Laut Papst Gregor dem Großen soll bei einem Etschhochwasser die ganze Stadt unter Wasser gestanden haben, die Flut sei jedoch vor der offenen Kirchentür wie eine Mauer zum Stehen gekommen. Da war es nur folgerichtig, den Heiligen zum Patron gegen Wasserschäden zu erklären.

Die Kirche hielt allerdings trotzdem nur bis zum Erdbeben von 1117, das die meisten großen Sakralbauten Oberitaliens einstürzen ließ. In einer Rekordzeit von nur 17 Jahren entstand der romanische Kirchenneubau. Seine Hauptfassade ist wie ein riesiges Relief, dessen Prunkstück eine kunstvoll gestaltete Fensterrose bildet. Innen wirken die Kirche gewaltig und die Menschen winzig. Auch wenn Sie über den Seiteneingang hineingekommen sind, sollten Sie unbedingt zum Eingangsportal hinübergehen und die kolossale Bronzetür begutachten. Eigentlich handelt es sich um eine Holztür, auf die 48 Platten mit Bronzereliefs genagelt wurden. Der eine aus dem 11. Jahrhundert stammende Türflügel zeigt überwiegend Szenen aus dem Neuen Testament, der andere datiert ein Jahrhundert später und zeigt Szenen aus dem Alten Testament. Expressiv und irritierend lebendig, haben die Reliefs seit jeher die Betrachtenden fasziniert.

NOCH MEHR ROMANIK

Die Kirche **San Procolo** nebenan wirkt vergleichsweise unscheinbar, ist jedoch viel älter als die Basilika und besitzt eine sehenswerte frühchristliche Krypta.

Auf einem Spaziergang durch die Basilika werden Sie noch einiges mehr entdecken. In der Krypta befindet sich unter von 54 Pfeilern und Säulen gestützten Kreuzrippengewölben das Grab des Zeno. Darüber präsentiert der Hochchor sein Prunkstück, ein Triptychon von Andrea Mantegna (1431–1506). Der große Künstler der Frührenaissance gilt als Begründer der illusionistischen Malerei. Durch die Verkürzung der Perspektive und eine umlaufende Scheinarchitektur, die die drei Gemälde verbindet, entsteht ein surrealer Effekt, den die beinahe aus dem Bild herausfallenden Engel noch verstärken. Wie kann man nur so leichtsinnig sein! Eigentlich ist es Napoleon nicht einmal zu verdenken, dass er das Wahnsinnsteil in den Louvre verschleppen ließ und Frankreich es erst 1815 wieder herausrückte.

Die Freskenzyklen rechts vom Hochaltar sollten Sie auf keinen Fall verpassen. Sie gehören für mich zum Ungewöhnlichsten, das es in Verona zu sehen gibt. Ein unbekannter Künstler (der Einfachheit halber „Zweiter Meister von San Zeno“ genannt) schuf in der ersten Hälfte des 14. Jahrhunderts eine Freskengalerie.

Schauen Sie genau hin. Über Jahrhunderte ritzten Menschen auf ihr Wörter und Daten ein. Auf dieser uralten *wall* posteten sie Erdbeben, Überschwemmungen, Pestepidemien und Kriege. In Verona war schließlich immer etwas los. Die jahrhundertealten Momentaufnahmen haben für mich etwas Rührendes. Ausruhen lässt es sich anschließend ausgezeichnet auf einer der zahlreichen Parkbänke auf der Piazza vor der Basilika und am besten bei untergehender Sonne. Sie taucht die Fassade in ein nahezu magisches Licht.

INFOS

Basilica San Zeno Maggiore: Piazza San Zeno, www.chieseverona.it/it/le-chiese/la-basilica-di-san-zeno

Chiesa di San Procolo: Piazza San Zeno, Besichtigung nach Voranmeldung unter Tel. 045 592813 oder info@chieseverona.it

24

Riverside Story

ETSCHPROMENADE UND STADTTEIL VERONETTA

Die Etsch windet sich in zwei Schleifen um die Altstadt und verleiht ihr zusammen mit zahlreichen Brücken eine Kulisse, die auf dem Prädikat „romantisch“ besteht. Doch wehe, wenn der Fluss Hochwasser führt! Er kommt immerhin aus den Alpen und lässt nicht mit sich spaßen.

Die Etschhochwasser sind berüchtigt. Das von 1882 setzte ganze zwei Drittel der Altstadt unter Wasser. Hunderte Häuser und drei Brücken wurden zerstört, ein Dutzend Menschen starben. Mit einem idyllisch vor sich hinplätschernden Fluss hat das nichts zu tun. Die alle paar Jahrhunderte vorkommenden schweren Hochwasser verwundern niemanden, entspringt die Etsch oder der Adige ja mitten im Gebirge, genauer gesagt am Reschenpass in Südtirol. Sie bringt das Wasser unzähliger Bäche und Flüsse mit. Bei Hochwasser gesellen sich Baumstämme, Fußbälle und im Herbst so viele Äpfel dazu, dass es für mehrere Lastwagen reichen würde. In den letzten Jahrzehnten haben die Hochwasser klimawandelbedingt nochmal zugenommen. Obwohl ich mittlerweile nur noch gelegentlich in der Stadt bin, ist es mir bereits mehrmals passiert, dass ich aufgrund gesperrter Brücken einen Umweg nehmen musste.

Die Etsch war schon immer Segen und Fluch zugleich. Die Schiffbarkeit verhalf Verona zu blühendem Handwerk und Han-

Etschpromenade mit
Standseilbahn im Hintergrund

Veronetta

del. Tischlereien florierten ebenso wie das Textilgewerbe. Mühlräder säumten den Fluss zwischen dem Stadtteil San Zeno und der Festung Castelvecchio. Vor 1882 hatten die Behausungen direkt bis ans Flussufer herangereicht. Heute dürfen Sie dort auf der **Passeggiata degli innamorati** (Promenade der Verliebten) lustwandeln. An der Befestigungsmauer, kurz bevor Sie in den Corso Castelvecchio einbiegen, erinnern Marmortafeln an die zahlreichen Hochwasser, die die Stadt heimgesucht haben. Wenn Sie genau hinsehen, werden Sie auch an den Torbögen von Palazzi und im Inneren einiger Kirchen den eingravierten Wasserstand der Hochwasser bemerken.

Ohne die Brücken ginge gar nichts. Einige gehen auf römische Zeiten zurück, die anderen kamen im Lauf der Jahrhunderte dazu. 1945 zerstörte die deutsche Wehrmacht auf dem Rückzug nach Norden sämtliche Brücken der Stadt, aber am Ende nutzte ihr das nichts. Die Veroneser verurteilten die Aktion als *un atto di ostile e barbaro fanatismo* (ein Akt feindseligen und barbarischen Fanatismus') und machten sich ohne viel Federlesens an den Wiederaufbau, der sich teilweise bis in die späten 1950er-Jahre hinzog – schließlich wurde mit den im Flussbett verstreuten Originalteilen gearbeitet.

VEGANES TIRAMISU, ANYONE?

Das Zazie hat zwar nur bis 20 Uhr geöffnet, macht aber dafür auch diejenigen glücklich, die fleischlos oder vegan unterwegs sind.

An der Etsch lässt es sich bei normalem Wasserstand hervorragend entlangflanieren. Teils auf einer Promenade, teils auf Gehwegen geht es orographisch links auf dem Lungadige entlang. Nicht mehr oder nur noch andeutungsweise sichtbar sind die Nebenarme der Etsch. Was vor dem Castelvecchio wie ein Burggraben anmutet, war in Wahrheit ein Nebenfluss, der in Richtung Piazza Bra floss. An der Brücke Ponte Nuovo angekommen, erreichen Sie in wenigen Schritten die im Osten gelegene Piazza Isolo, um die sich der Stadtteil Veronetta erstreckt. Veronetta ist geprägt von Diversität und studentischem Leben. Die Atmosphäre ist eine völlig andere als in der Altstadt, beim Umherschlendern stoßen Sie auf kleine Läden, Galerien, Boutiquen und Tattoo-Studios sowie trendige Bars und werden feststellen, dass die Locals tatsächlich auch mal gerne indisch, japanisch oder rein vegetarisch essen. Mag der US-Kaffee-Gigant zwar eine Kaffeesorte nach Verona benannt haben, hier ist der neoliberale Spirit so weit weg, wie es nur geht.

INFOS

Lungadige-Promenade: Vom *centro storico* nehmen Sie eine der zahlreichen Brücken über die Etsch und wenden sich dann nach Belieben nach rechts oder nach links.

Zazie. Il network del gusto libero: Via Gaetano Trezza 1A, www.lazazie.com/verona

25

Genie unterm Markuslöwen

KIRCHE SAN GIORGIO IN BRAIDA

Paolo Veronese (1528–1588) ist mit Tizian und Tintoretto einer der Großen der venezianischen Malerei. Seine Meisterwerke hängen in den wichtigsten Museen dieser Welt, doch malen lernte er in seiner Heimatstadt Verona.

Eigentlich hieß er Paolo Caliari. Das waren noch Zeiten, als man so unverwechselbar sein konnte, dass man einfach den Namen der Geburtsstadt annahm und basta! Zu Veroneses Lebzeiten herrschte die Republik Venedig über Verona. Die Stadt hatte immer mal wieder den Besitz gewechselt. Nach den Skaligern rissen sie sich die Visconti aus Mailand unter den Nagel, dann waren ein paar Jahre lang die Da Carrara aus Padua dran. Die venezianische Herrschaft dauerte dagegen ganze vier Jahrhunderte lang. Handels- und machtpolitische Überlegungen hatten die Expansion der Serenissima auf dem oberitalienischen Festland befeuert.

Unterm venezianischen Markuslöwen erlebte Verona politische Stabilität und eine kulturelle Blütezeit. Prachtvolle Paläste schossen wie Pilze aus dem Boden, großartige Kunstwerke gediehen rascher als Löwenzahn. Allerdings war die Serenissima auch prompt zur Stelle, wenn es darum ging, Talente abzuziehen und in die Lagunenstadt zu bringen. Als Paolo 23 Jahre alt war, bot sie

Ponte della Vittoria mit San Giorgio in Braida

dem aufstrebenden Genie an, zur Ausschmückung der drei Säle der *Dieci* im Dogenpalast beizutragen. Da wird er wohl nicht zweimal überlegt haben. 1553 übersiedelte Veronese dauerhaft nach Venedig, wurde zu Paolo „Il Veronese“ und endgültig zum Star. Bekannt ist Veronese für seine großformatigen und prächtigen Darstellungen von Gastmählern aus dem Leben Christi. Er bevorzugte eine reiche Farbpalette mit einer Vorliebe für Pastelltöne; Rosa und Himmelblau gehörten eindeutig zu seinen Lieblingsfarben. Es kam auch mal vor, dass er sich für seinen nicht alltäglichen Stil vor der Inquisition verantworten musste. Dort beharrte er auf der Freiheit der Kunst. Chapeau!

In seiner Geburtsstadt einem Veronese übern Weg zu laufen ist schwieriger als man meinen möchte. Schließlich verbrachte der Mann den Großteil seines Lebens anderswo. Doch es gibt keinen Grund zu verzweifeln, man muss nur wissen, wo. Das Altarbild in der Kirche **San Giorgio in Braida** ist ein Originalveronese und lohnt den kurzen Abstecher über die Etsch unbedingt. Veronese malte es, als er anlässlich seiner Hochzeit mit Elena Badile, der Tochter seines Meisters, in die Heimatstadt zurückgekehrt war. Hochgeschwindigkeitszüge gab es noch nicht, daher hatte es durchaus Sinn, das Angenehme mit dem Nützlichen zu verbinden. Paolos Kumpel Michele Sanmicheli, einer der berühmtesten Architekten seiner Zeit, schuf Grundriss, Kirchturm und die Kuppel der Kirche. Letztere ist so atemberaubend schön, dass ich beinahe vergesse, dass ich Veroneses wegen hergekommen bin.

Veroneses Altarbild erzählt die Marter des heiligen Georg in leuchtenden Farben und so ausdrucksvoll und lebendig, dass es leichtfällt, an die Botschaft der Georgslegende zu glauben, der zufolge am Ende das Gute über das Böse siegt. Gut, dass Veronese nicht mehr erlebte, wie die friedlichen Zeiten unter der Serenissima ein Ende nahmen. 1796 besetzte Napoleon Verona, schlug Volksaufstände blutigst nieder und entführte Veroneses Altarbild nach Paris. Anders als viele andere geraubten Werke kehrte es 1815 nach Verona zurück und darf am Ursprungsort uneingeschränkt bewundert werden.

NOCH MEHR VERONESE?

Zwei weitere Veroneses sind im Museo del Castelvecchio (siehe S. 85 ff.) zu sehen, einer im Palazzo Maffei (siehe S. 25 ff.). Letzterer entstand vermutlich in Zusammenarbeit mit Veroneses Sohn, Carletto Caliari.

INFOS

Chiesa di San Giorgio in Braida: Lungadige San Giorgio 6, www.sangiorgioinbraidaparrocchia.it

Blick von Castel San Pietro auf den Ponte Piet

26

Bloß nicht links liegenlassen!

PONTE PIETRA UND TEATRO ROMANO

Vermutlich tun Ihnen bereits die Füße weh. Trotzdem sollten Sie sich noch bis zum Ponte Pietra schleppen. Erbaut von den Römern, wurde die Brücke im Zweiten Weltkrieg zerstört und unter Verwendung der Originalteile wieder aufgebaut. Sie führt geradewegs zum Römischen Theater auf der anderen Seite der Etsch.

Genau an dieser Stelle wechselt die Etsch die Richtung. Bereits der römische Dichter Catull dürfte die Brücke überquert haben. Wir wissen zwar nicht, wann genau er lebte, aber er stammte aus Verona. Bei seinem Papi soll sogar Julius Caesar persönlich vorbeigeschneit sein. Von der Brücke aus dürfen Sie Unerschrockenen beim Raften zuschauen und sich im Hochsommer ein angenehm kühlendes Lüftchen um die Nase wehen lassen. Veronas Altstadt wurde im Jahr 2000 zum Unesco-Weltkulturerbe erklärt, hauptsächlich ihres Reichtums an Bauwerken und Kunstschätzen aus der römischen Antike, dem Mittelalter und der Renaissance wegen. Daran ist das **Teatro Romano** nicht unschuldig.

Das Römische Theater wurde noch vor der Arena erbaut. Für die Prunkfassade hatte man weder Kosten noch Mühen gescheut, doch leider ist davon nichts übriggeblieben. Nach einem verheerenden Brand war das Theater im Mittelalter so sehr heruntergekommen, dass man es kurzerhand als Steinbruch benutzte. Wenn ich auf der anderen Flussseite durch die Gassen schlendere, frage ich mich oft, wie viel römisches Mauerwerk sich wohl hinter dem Putz verbirgt. Hie und da lässt es sich erkennen.

Die Theaterruine wurde eifrig überbaut, man kennt das ja – die Kultur hat es nirgends leicht. Irgendwann war das Theater nur noch eine Erinnerung, bis der reiche Kaufmann Andrea Monga (1794–1861) das Gelände kaufte, alle Gebäude bis auf die sakralen abreißen ließ und zu buddeln begann. Sinnvoller als einfach nur Golf zu spielen war das auf jeden Fall. Der in die Antike vernarrte und Veronareisende Goethe würde sich ärgern – er war zu früh dran gewesen für die Herrlichkeiten, die zum Vorschein kamen.

ENTSCHWUNDENE BRÜCKE

Einst führten zu beiden Seiten des Teatro Romano Brücken über die Etsch. Der **Ponte Postumio** fiel dem Hochwasser zum Opfer. Seine Steine wurden später im Campanile der Basilika Sant'Anastasia verbaut.

Dass Ruinen etwas zutiefst Romantisches anhaftet, bewahrheitet sich kaum irgendwo mehr als im Römischen Theater. Das trifft besonders während der Konzerte, Ballett- und Theateraufführungen an lauen Sommerabenden zu. Das Publikum darf auf den erneuerten Stufenrängen Platz nehmen. Hier geht es intimer und beschaulicher zu als in der Arena. Mit den kahlen Mauern des ehemaligen Klosters San Girolamo und der Kirche Santi Siro e Libera im Rücken entsteht eine Atmosphäre, die sich an keinem anderen Veranstaltungsort der Welt finden lässt.

Auf dem Gelände oberhalb des Theaters ist im ehemaligen Kloster der Jesuaten (nicht Jesuiten) das sehenswerte **Archäologische Museum** untergebracht. Hier ist alles vereint, was in Verona römisch ist, und das ist eine ganze Menge. Mosaikböden römischer Villen, Fundstücke aus der Arena und dem Römischen Theater, sogar ägyptische Skulpturen aus der Zeit, als in Verona noch Isis, Serapis und deren Sohn Harpokrates en vogue waren. Die Tomba del Medico zeigt, was sich ein römischer Arzt ins Grab mitgeben ließ: neben Pinzette, Skalpellen und Medizinfläschchen auch Trinkgläser und ein Öllämpchen. Man will es in der Ewigkeit

Teatro Romano

schließlich gemütlich haben. Die Klosteranlage bringt sich während des gesamten Rundganges in Erinnerung. Ehemalige Zellen präsentieren die kleineren Ausstellungsstücke, das Refektorium, der Kreuzgang und die *grande terrazza* die größeren. Auf Letzterer rauscht die Etsch um einiges lauter als der Autoverkehr, den Blick auf die Altstadt gibt es obendrein.

INFOS

Museo Archeologico al Teatro Romano: Regaste Redentore 2, museoarcheologico.comune.verona.it

27

Promi-Residenz oberhalb der Stadt

CASTEL SAN PIETRO

Lust auf Aussicht de luxe? Nahe der von den Habsburgern errichteten Kaserne mit frei zugänglichem Aussichtspunkt soll sich einst der sagenumwobene Palast des Ostgotenkönigs Theoderich befunden haben. Dieser wird den grandiosen Panoramablick hoffentlich zu schätzen gewusst haben.

Grausiges soll sich hinter den Palastmauern zugetragen haben. Der Langobardenkönig Alboin habe seine Gemahlin Rosamunde gezwungen, ihm aus dem Schädel ihres eigenen Vaters zuzutrinken. So ging Ehekrach im Frühmittelalter. Rosamunde revanchierte sich, indem sie ihren Gatten um 570 von ihrem Lover Helmich ermorden ließ. Man darf eben nicht zimperlich sein. Theoderich, der den Königspalast hatte erbauen lassen, war ähnlich gestrickt. Nach seiner Jugend als Geisel am Hof von Konstantinopel zog er im Jahr 489 mit 20.000 Kriegern und deren Familien gen Italien. Nicht als Urlauber, sondern als Eroberer. Nichts anderes als König von Italien zu werden, hatte er sich vorgenommen und verwüstete zunächst mal weite Teile Oberitaliens. Als es ihm trotz zweijähriger Belagerung nicht gelang, Ravenna endgültig zu erobern, ließ er sich auf Verhandlungen mit seinem Rivalen Odowakar ein. Während eines gemeinsamen Festmahls und noch bevor der Nachtisch aufgetragen wurde, tötete Theoderich Odowakar eigenhändig mit dem Schwert. Als Chef ging er eben gerne mit gutem Beispiel voran.

Der Warlord Theoderich ließ sich mehrere prächtige königliche Residenzen bauen, eine davon in Verona. Als Dietrich von Bern fiktionalisiert, kam er nach seinem Ableben in einigen Sagen nochmals zu Ruhm und Ehren. Einige erzählen, wie der arme Dietrich aus seinem Erbreich Italien vertrieben wurde und nach entbehrungsreichem Exil gewaltige Schlachten um Verona und

Ravenna bestehen musste. Die Verdrehung von Tatsachen wurde nicht erst im 21. Jahrhundert erfunden. Vermutungen zufolge sollen sich Theoderichs Palast und dessen Gärten unweit der Stelle befunden haben, an dem heute das **Castel San Pietro** steht. Einen besseren Logenplatz gibt es nicht.

Nichtsdestotrotz hielt sich Theoderich nur gelegentlich in Verona auf. Wir kennen das von Pop Stars, die jetten auch gerne hin und her. Leider ist von dem Palast nichts übriggeblieben. Der Anstieg über die Treppen links neben dem Teatro Romano (siehe S. 121 ff.) hinauf zum Castel ist schweißtreibend, immerhin erklimmen wir den allerletzten Ausläufer der Alpen! Auf der anderen Flussseite ist schon Ebene. Wer möchte, kann die **Standseilbahn** nehmen. Das heutige Castel erbauten die Habsburger, die im Verona des 19. Jahrhunderts 52 Jahre lang regierten.

Es gibt kaum einen geeigneteren Ort, um in Verona den Sonnenuntergang zu genießen. Und auch zu jeder anderen Tageszeit zeigt sich die Altstadt von hier oben in ihrer ganzen Pracht. Die Etsch schlingt sich wie ein silbernes Band um einen Reigen von Ziegelrot, Rosa und Gelbtönen. Umwerfend schön ist auch der Blick nach rechts in Richtung des Heiligtums **Santuario Nostra Signora di Lourdes**. Lassen Sie sich von der vermeintlichen Nähe nicht täuschen. Um dort hinzukommen, müssen Sie zuerst ab- und dann wieder aufsteigen. Wir sind eben (fast) noch in den Bergen.

SPEISEN WIE THEODERICH

Auf der Terrasse des **Reteodorico** gleich neben der Seilbahnbergstation treffen sich sowohl junge Leute als auch ein gediegeneres Publikum zum Aperitif und genießen den Panoramablick.

INFOS

Castel San Pietro: Piazzale Castel San Pietro
Standseilbahn, Funicolare di Castel San Pietro: Via Santo Stefano 12, www.funicolarediverona.it
Reteodorico: Piazzale Castel San Pietro 1, Tel. 045 8349903, reteodorico.com
Santuario Nostra Signora di Lourdes: Viale dei Colli 27

28

Auf der Insel, die keine mehr ist

KIRCHE SANTA MARIA IN ORGANO

Das ist typisch Verona: Etwas abseits von den Must-sees verstecken sich Schätze, denen das Etikett einzigartig zu verleihen beinahe schäbig wirkt. In der Kirche Santa Maria in Organo wartet ein Alice-im-Wunderland-Moment.

Nicht selten ist in Verona zu hören, bei der Sakristei der Kirche handele es sich um die schönste ganz Italiens, also der Welt. Angesichts ihrer unzähligen Kunstschätze sind die Veroneserinnen und Veroneser mit Superlativen schnell zur Stelle und bezeichnen die kunstgeschichtlichen Erbstücke ihrer Stadt abwechselnd als *importante* und *bellissimo*. Was die 1504 errichtete Sakristei mit ihren kunstvoll gestalteten Intarsien betrifft, stimmte aber selbst Giorgio Vasari zu, für viele Italienerinnern und Italiener der unbestrittene Vater der Kunstgeschichte. Aber sehen Sie doch einfach selbst.

Das Kloster wurde im 7. Jahrhundert als erstes der Stadt gegründet. Nach dem katastrophalen Erdbeben 1117 stand ein Umbau an, dem weitere folgen sollten. Die Rezensionen der Besucher von nah und fern waren einstimmig positiv und haben seit jeher für einen Score jenseits der vier Sterne gesorgt. Napoleons Truppen war das gleichgültig. Sie verwüsteten die Kirche, viele

Werke gingen verloren. Trotzdem ist einiges übriggeblieben. Zunächst einmal müssen Sie allerdings die reiche Freskenausstattung des Kircheninneren, das kunstvoll intarsierte Chorgestühl und das meisterhaft gestaltete Vortragspult ignorieren. Diese würden anderswo mühelos den Ruf einer Stadt begründen, doch wir haben Wichtigeres vor. Wir biegen links ab in die Sakristei und ab geht's in den Kaninchenbau. Bevor Sie Zeit haben, es sich anders zu überlegen, werden Sie in einer Welt landen, die Sie nicht mehr so schnell verlassen möchten.

Wo nur beginnen? Die Malerfamilie Brusaorzi schuf die Landschaftsbilder auf den Kastenbänken und an den Wänden. Darüber ziehen sich in einem breiten Fries meisterhaft gemalte Porträts von Päpsten, Heiligen und Kirchenvätern. Über allem erscheint Christus als Erlöser. Aber jetzt zu den Wandverkleidungen, deretwegen wir hier sind. Geschaffen aus zwanzig unterschiedlichen Hölzern, zeugen sie von einer Kunstfertigkeit und einem Einfallsreichtum, die mich vor jeder einzelnen eine gefühlte Ewigkeit verbringen lassen. Geschaffen hat die Stadtansichten, Allegorien und Stillleben der Olivetanermönch Fra Giovanni da Verona (1457–1525). Der gebürtige Veroneser Kunsttischler, Miniaturist, Bildhauer und Architekt unterhielt eine florierende Werkstatt und war unter anderem auch in Siena, Perugia und im Vatikan gefragt.

Und wo wir gerade beim Surrealen sind, lade ich Sie noch ein, sich vorzustellen, dass Sie sich direkt am Flussufer befinden. Zwischen Kirche und dem heutigen Flussbett der Etsch befand sich einst eine echte Insel (*isola*). Deshalb heißt die Gegend bis heute Isolo. Direkt vor der Kirche floss ein zweiter Arm der Etsch vorbei, der Canale dell'Acqua Morta. 1882 wurde der Kanal im Zuge der Hochwasserschutzmaßnahmen trockengelegt. Nach dem verheerenden Hochwasser stand die Krypta der Kirche ganze vier Jahrzehnte unter Wasser, erzählte mir ein Ortskundiger. Heute befindet sich an der Stelle des Kanals eine Straße, der Interrato dell'Acqua Morta.

WILLKOMMEN IN JERUSALEM

Die **Fondazione Verona Minor Hierusalem** hat sich dem Kulturtourismus verschrieben. Auf drei *itinerari* (Themenwegen) können Sie zu insgesamt 17 weniger bekannten, aber umso sehenswerteren Kirchen spazieren.

INFOS

Chiesa Santa Maria in Organo: Via Santa Maria in Organo 1, www.veronaminorhierusalem.it/santa-maria-in-organo
Fondazione Verona Minor Hierusalem: www.veronaminorhierusalem.it

29

Arrivederci, Midlife-Crisis!

GIARDINO GIUSTI

1786 befand sich Johann Wolfgang von Goethe mitten in der Midlife-Crisis. Er war Weimar ein wenig überdrüssig geworden, hatte Ärger im Büro und durchlebte eine Beziehungskrise nach der anderen – das Übliche eben. In solchen Fällen hilft Italien schnell und zuverlässig.

Auf dem Weg zu den Verheißungen des Südens war Verona obligatorischer Zwischenstopp. Von hier aus tourten junge Adelige schon seit dem 17. Jahrhundert weiter nach Venedig, Florenz und Rom. Die Grand Tour diente Bildung und Vergnügen gleichermaßen und trug ihren Teil zu der bis heute andauernden Italiensehnsucht der Europäerinnen und Europäer bei. Wir mögen aus Dänemark, Polen oder Belgien kommen, nach Italien wollen wir alle!

Goethe hatte nichts dem Zufall überlassen. Er stellte sich seiner Lebenskrise, indem er heimlich die italienische Sprache erlernte, obwohl Babbel noch nicht erfunden war. Während eines Aufenthalts in Karlsbad war es dann endlich so weit, Goethe ergriff bei Nacht und Nebel die Flucht und reiste inkognito als Maler Möller gen Süden. Sein Reisetagebuch veröffentlichte er zwar erst 30 Jahre später, doch schon bald nach seiner Rückkehr begannen zahlreiche Follower, in Scharen nach Italien zu reisen. Schließlich war Goethe einer der wichtigsten Influencer seiner Zeit.

FRÜHSTÜCK GEFÄLLIG?

Im nahen **Café Carducci** mit dem Originaldekor aus den 1920er-Jahren trinken Sie aus Kaffeetassen mit Goldrand und können aus einer für italienische Verhältnisse ungewöhnlich ausladenden Frühstückskarte wählen.

Es gibt etwas, worum ich Goethe glühend beneide: Er hatte das große Privileg, nicht auf den Spuren Goethes reisen zu müssen und blieb dadurch verschont von den Goethe-Zitaten, die halb Europa übersäen. Frei von Vorbelastungen durfte er der Arena angesichtig werden und notieren: „Das Amphitheater ist also das erste bedeutende Monument der alten Zeit, das ich sehe, und so gut erhalten!" Solche Sätze werden dann automatisch Weltliteratur. „Ich ging auf der Kante des amphitheatralischen Kraters bei Sonnenuntergang, der schönsten Aussicht genießend über Stadt und Gegend. Ich war ganz allein und unten auf den breiten Steinen des Bra gingen Mengen von Menschen."

Goethes strammes Besichtigungsprogramm führte ihn auch auf die andere Seite der Etsch. Im Renaissancegarten **Giardino Giusti** bewunderte er die Zypressenallee. Diese läuft auf eine Groteske zu, die mit riesigem aufgerissenem Maul von ganz oben herunterschaut. 1580 von dem aus Florenz stammenden Grafen Giusti angelegt, entfaltet sich zwischen Statuen, Springbrunnen, Grotten und überwucherten Pavillons ein Paradies, das opulent und schlicht zugleich wirkt.

Verschlungene Pfade führen steil nach oben bis zu den oberen Terrassen, die einen unverbauten Blick über den Garten und über Verona eröffnen. Ob Goethe im Heckenlabyrinth verlorenging, wissen wir nicht, belegt ist, dass er einen Zypressenzweig zupfte und mitnahm. Die Veroneser hätten ihn daraufhin missbilligend angestarrt, beschwerte er sich. Dass es in heutigen Zeiten dafür einen Rausschmiss samt Hausverbot gäbe, konnte er nicht ahnen. Die sogenannte Goethe-Zypresse erreichte ein geradezu biblisches Alter von fast 600 Jahren und war ein beliebtes Ziel für Goethe-Fans. Im August 2020 fiel sie einem heftigen Unwetter zum Opfer. Wenn nicht gerade Bäume umstürzen, ist der immergrüne Giardino Giusti bei jedem Wetter eine wahre Augenweide. Verschneit im tiefsten Winter gefällt er mir besonders gut, denn dann sieht er noch verwunschener aus als sonst.

INFOS

Giardino Giusti: Via Giardino Giusti 2, giardinogiusti.com
Café Carducci: Via G. Carducci 10, Di–Sa, www.cafecarducci.it

30

Massenwein, das war einmal

SOAVE UND DIE CANTINA PIEROPAN

Verona hat das große Glück, gleich von mehreren weltbekannten Weinbaugebieten eingerahmt zu sein. Einige wie Bardolino und Lugana gehören zum Einzugsgebiet des Gardasees. Soave und Valpolicella liegen östlich bzw. nordwestlich von Verona. Valpolicella trägt Rot, Soave Weiß.

Die Zeiten, in denen Soave für billig produzierte Plörre stand, sind lang schon vorbei. Rund um den idyllisch gelegenen Ort Soave mit seiner mittelalterlichen Burg, den alten Wehrmauern, Toren und Türmen erstrecken sich die Weinberge zwischen uralten Begrenzungsmauern und Bildstöcken. **Pieropan** produziert in Soave eine stattliche halbe Million Flaschen und exportiert diese in rund 70 Länder, aber wir sollten uns nicht missverstehen: Hier entsteht allerbester Stoff, und weil das so ist, will die halbe Welt etwas davon haben. Kompromisse in Sachen Qualität gehen die Pieropans nämlich keine ein.

Wein macht die Familie seit 1880. Leonildo Pieropan war Hausarzt von Beruf, kaufte sich aber irgendwann einen Weinberg und fing Feuer. Seinen Söhnen ging es ähnlich, doch richtig los ging es mit dem zweiten Leonildo, des ersten Leonildos Neffen. Er studierte Önologie, kaufte Weinberge dazu und revolutionierte gemeinsam mit seiner Frau Teresita ab den 1970ern den Weinplaneten Soave. Ihre Vision: Soave sollte seine eigenen Cru-Lagen bekommen. Das kannte man bisher nur in Frankreich. Ein sogenannter Lagenwein stellt den höchsten Ausdruck der Traube dar, weil er auf deren Verbindung zu Rebsorte, Boden und klimatischen Bedingungen aufbaut. Ein Cru war in Italien etwas völlig Neues und in Soave erst recht.

SCHWINDELFREIE SKALIGER

Schwindelerregende Wehrgänge und steile Treppen machen den Besuch der Skaliger-Burg **Castello di Soave** zum Abenteuer. Von hier haben Sie einen tollen Blick über das Städtchen und die umgebenden Weinberge.

In den beiden Weinen *Vigneto Calvarino* und *Vigneto La Rocca* sind jeweils nur Trauben aus den Lagen *Calvarino* und *La Rocca* drin. Die Böden des *Calvarino* bestehen aus Basalt, der *La Rocca* steht auf Kalk. Obwohl beide Weine als *Soave Classico* klassifiziert sind und auf der Rebsorte *Garganega* aufbauen, die im Veneto weit verbreitet ist, könnten sie unterschiedlicher nicht sein. Der *Calvarino* vergärt und reift im Betonfass und verbringt bis zu 15 Monate auf der Feinhefe. Das verleiht ihm einen wahrhaft sagenhaften Schmelz. Außer *Garganega* ist etwas *Trebbiano di Soave* drin. Die Reben der Lage *La Rocca* sind bis zu 50 Jahre alt. Vergärung und Reifung finden in *tonneaux* statt, das sind die großen Brüder der *barriques*. Im Glas findet eine Aromaexplosion statt, die mich an Mandeln und Kirschen erinnert und an Ingwer, Safran, Zimt und Nüsse. Trotzdem gelingt es dem *Calvarino*, vornehm zurückhaltend und elegant aufzutreten. Ich kann gar nicht anders als mir vorzustellen, diesen Wein zu Ravioli und zu Spargelgerichten zu probieren.

Seit 2008 produziert Pieropan ausschließlich biologisch. Leonildo verstarb 2018, seine Söhne Andrea und Dario lenken das Weingut im neuen Gebäude, an dessen Planung Leonildo noch beteiligt war. Der alte Sitz in Soave war viel zu klein geworden. Die Open-Space-Architektur ist sowohl von innen als auch von außen ein Vergnügen, denn hier zeigt italienisches Design auf spektakuläre Weise, was es kann. Die Räume sind riesig, wirken aber weder kalt noch steril. Der Barriquekeller präsentiert sich in warmem Licht als Labsal für die Augen, der Keller mit den unten

beleuchteten Betonfässern hat etwas mystisch Entrücktes. Wieder oben angekommen, wandert der Blick über auf- und niederwallende Weinberge hinüber zum *castello*.

INFOS

Pieropan: Via Giacomo Matteotti, 37038 Soave (VR), www.pieropan.it
Castello di Soave: Via Castello Scaligero, 37038 Soave (VR), castellodisoave.it

31

Zweitwohnsitze mit Flair

VILLA MOSCONI BERTANI

Mehr als 80 venezianische Villen liegen verstreut in den Hügeln der Valpolicella, zwischen Zypressen, Reben, Oliven- und Kirschbäumen. Wer etwas auf sich hielt, ließ sich hier ein standesgemäßes Wochenenddomizil erbauen – und das teilweise schon im 15. Jahrhundert.

Sie müssen angesichts der stolzen Zahl von mehr als 80 Villen nicht in eine Papiertüte atmen. Die meisten davon sind für Normalsterbliche sowieso nicht zugänglich. Einige dienen als exklusive Hochzeitslocations, doch wenn Sie nicht gerade heiraten oder zum Fest eingeladen sind, keine Chance! Die gute Nachricht: Mehr als genug Villen bieten eine Besichtigung an. Die schlechte: Die Öffnungszeiten sind vielerorts erratisch, daher unbedingt vorher anrufen!

Die **Villa Mosconi Bertani** ist professionell organisiert. Im Rahmen einer Tour können Sie Villa, Garten und Park sowie den jahrhundertealten Weinkeller besichtigen und dessen Schätze sogar verkosten. Die Villa erhebt sich königinnengleich inmitten von Weinbergen, mit einer Zypressenallee an ihrer Seite, die einem Château in Bordeaux in nichts nachsteht. Der Weinkeller war bereits zwei Jahrhunderte alt, als die Familie Fattori 1735 mit dem Bau der Villa begann. So ist es auch nur folgerichtig, dass der allererste *Amarone* im Jahr 1936 auf solch historisch verbürgtem Boden geboren wurde. Noch bevor die Villa fertig war, kaufte sie die Familie Mosconi. Die fügte der Villa einen acht Hektar großen Park im englischen Stil hinzu und machte das Weingut zu einem der größten Oberitaliens.

GRÜNES HECKENTHEATER

Der **Giardino di Pojega** ist ein klassisch angelegter italienischer Garten aus dem 18. Jahrhundert und berühmt für sein Heckentheater, das größte Italiens. Wein und Olivenöl bekommen Sie auch.

Irgendwann lief es nicht mehr ganz so gut. Im 19. Jahrhundert waren Villa und Park verlassen und drohten zu verwahrlosen. Rettung kam in Gestalt der Familie Bertani, die die Villa 1957 erwarb, sanierte, zum Sitz des gleichnamigen Weinguts machte – und ihr den Doppelnamen schenkte. Wenn Sie sich an dem Gebäude und seinem aristokratisch anmutenden Gepräge sattgesehen haben, können Sie drinnen den „Saal der Musen“ bewundern. Dieser reicht vom Erdgeschoss bis hinauf in den dritten Stock. Die täuschend echt als Marmor posierende Holzbalustrade gliedert die Stockwerke. In den gemalten Nischen im unteren Teil präsentieren sich die Musen, im oberen Teil tobt sich die illusionistische Kunst des Trompe-l’Œil aus. An der Decke ist neben gehörig viel Himmelblau richtig was los. Zwischen bunten Blumen sitzt die frühlingshafte Flora. Umgeben von dunklen Gewitterwolken versuchen Herbst und Winter, ihr Idyll zu stören. Der Windgott Zephyr tanzt von alldem ungerührt und mit feiernden Engeln im Gefolge in der Luft herum.

Doch jetzt raus ins Grüne. Vor der Villa regiert der klassisch italienische Garten mit architektonischer Formenstrenge, hinter ihr erstreckt sich der Park, der sich einiges von der Natur abgeschaut hat. Gegen Ende des 18. Jahrhunderts war die Mode aufgekommen, Landschaftsgärten im englischen Stil anzulegen. Dazu gehörten exotische Pflanzen, verschlungene Wege, künstliche Ruinen und Grotten. Den künstlich angelegten See speisen natürliche Quellen, die in Trockenzeiten der einen oder anderen Rebe das Leben retten. Auf der Insel wachsen Sumpfzypressen und Zedern vor sich hin. Am Ufer befindet sich ein Chalet, das nachmit-

tags der Lektüre und am Abend Gesellschaftsspielen und musikalischen Darbietungen diente. In der Villa fand zeitweise ein literarischer Salon statt, den auch der Veroneser Dichter Ippolito Pindemonte (1753–1828) regelmäßig besuchte. Etwas, das Sie in einem Landschaftspark in England garantiert nicht finden, sind die in Reih und Glied angeordneten Rebanlagen innerhalb der Gartenmauern.

INFOS

Villa Mosconi Bertani: 37024 Arbizzano di Negrar (VR), Ortsteil Novare, mosconibertani.it
Il Giardino di Pojega: Via Pojega 8/10, 37024 Negrar (VR), pojega.it

32

Der König der Weine

CA' LA BIONDA

Rebzeilen ergießen sich die sanften Hügel rauf und runter wie ein endloser grüner Teppich. Gleich nördlich von Verona fängt die Valpolicella an. Wer sich ein kleines verträumtes Tal vorstellt, liegt falsch. In 19 Weinbaugemeinden und mehreren Tälern tummeln sich knapp 300 Produzenten.

Wein machen sie hier schon seit Ewigkeiten. Ein Traditionsweingut reiht sich ans nächste. Dazwischen sorgen hervorragende Trattorie, Osterie und Enotheken für kulinarischen Ausgleich. Die Valpolicella ist bekannt für ihre fruchtigen Rotweine. In diesen stecken Rebsorten, derer es fast so viele wie Hügel gibt. Die bekanntesten tragen wohlklingende Namen wie *Corvina Veronese, Molinara* und *Rondinella*. Sollten Sie auf einem Weingut nächtigen, kann es vorkommen, dass Ihr Zimmer heißt wie eine Rebsorte. Im Aromaprofil der Valpolicella-Weine kommt immer eine Kirsche zum Vorschein. Das kann kein Zufall sein, werden hier neben Reben und Oliven doch auch Kirschen angebaut.

Den Menschen in der Provinz Verona mangelt es nicht an Selbstbewusstsein, deshalb beanspruchen sie lässig den Titel „König der Weine" für sich und setzen dem Amarone damit die Krone auf. Der geizt weder mit Farbe noch mit Aromen, Gerbstoff oder Alkohol. Nicht unbedingt ein Einsteigerwein, beschert er Fans unvergleichlichen Genuss. Wundern Sie sich nicht, wenn Sie hier

2000
RAVAZZŎL
AMARONE
CA' LA BIONDA
B

Seniorchef Pietro Castellan

Menschen aus Florida, Texas und Michigan begegnen. Nicht wenige amerikanische Reisende kommen eigens des Amarone wegen über den großen Teich geflogen!

Der Amarone besitzt eine uralte Tradition, offiziell gibt es ihn noch kein Jahrhundert. Das bedarf einer kurzen Erklärung. Schon seit dem 16. Jahrhundert ist es Usus in der Valpolicella, einen Teil der Trauben nach der Lese monatelang auf Rosten aus Bambus, den sogenannten *arelle*, zu trocknen. Durch das sogenannte *appassimento* verlieren die Trauben beinahe die Hälfte ihrer Flüssigkeit, zurück bleiben Zucker und Aromen in konzentrierter Form. Ab Januar oder Februar werden die Trauben vergoren. Traditionell kommt dabei ein *Recioto* heraus, ein Süßwein. Dessen hoher Restzuckergehalt erklärt sich dadurch, dass irgendwann die Gärung stoppt, weil die Hefen schon stockbetrunken und verständlicherweise wenig motiviert sind zu arbeiten.

Der Amarone soll durch eine Unachtsamkeit eines Kellerarbeiters entstanden sein. Der hatte ein Fass *Recioto* im Keller vergessen und, oh! Wunder, der *Recioto* war besonders unerschrocken und vergor tapfer durch bis zum letzten Gramm Zucker. Der Amarone war geboren. Er ist immer ein trockener alkoholreicher Wein mit um die 16 (!) Volumenprozent Alkohol. Er muss mindestens zwei Jahre gereift sein, bevor Sie ihn einschenken dürfen, bei einer *Riserva* sind es sogar vier.

Wenn Muskelprotze nicht Ihre Sache sind, werden Sie in der Valpolicella trotzdem fündig, denn der Amarone hat einige zugänglichere jüngere Geschwister. Der *Valpolicella Classico* ist frisch, unkompliziert und ein hervorragender Speisenbegleiter. Als *Superiore* hat der Wein ein bisschen mehr Alkohol. Für den *Ripasso* wird ein bereits durchgegorener Wein ein zweites Mal auf den übrig gebliebenen Trestern vergoren. Der Süßwein *Recioto* ist gehaltvoll und passt dank seiner belebenden Säure hervorragend zu Schokoladendesserts, zum Käse oder einfach solo.

NOCH MEHR WEIN

Jedes Jahr im April findet die **Vinitaly** statt. Sie ist eine der größten und wichtigsten Weinmessen der Welt. In der Altstadt werden begleitend Wein- und Genussevents geboten.

Auf dem Bio-Weingut **Ca' La Bionda** produzieren Alessandro und Nicola Castellani neben anderen hervorragend gemachten Valpolicella-Weinen einen Amarone modernen Stils. Der weist trotz seiner Intensität und Tiefgründigkeit eine belebende Frische auf, die ihn nicht zu schwer werden lässt.

INFOS

Azienda Agricola Ca' La Bionda: Via Bionda 4, 37020 Valgatara, Marano di Valpolicella (VR), Tel. 045 6801198, www.calabionda.it. Kellerführungen mit Verkostung auf Voranmeldung.

Vinitaly: www.vinitaly.com

Serena Policante,
Ada Riolfi,
Elisa Ferrarini

33

Gemüse und Wein, das ist fein

ENOTECA DELLA VALPOLICELLA

Sie kennt jeden Wein persönlich. Serena Policante geht schlafwandlerisch ans Werk, wenn sie einen Wein zu einem Gericht empfiehlt. Ihre Augen beginnen zu leuchten, wenn sie erklärt, warum sie diesen einen Wein zum Gericht empfiehlt und keinen anderen.

Neben Erfahrung und Kompetenz besitzt sie eine intuitive Herangehensweise. Selbstredend nimmt Serena sich die Zeit herauszufinden, welche Weine Sie gerne mögen und wonach Ihnen heute überhaupt ist. Erst dann zieht sie ihren Vorschlag aus dem Hut – und der passt wie angegossen. Alles, was Sie in puncto Wein immer schon wissen wollten und sich nie zu fragen trauten, bei Serena sind Sie bestens aufgehoben – egal ob als Weinneuling oder -kennerin.

Es ist kaum zu glauben, dass Serena seit 15 Jahren in der **Enoteca** arbeitet. Sie ist keine ausgebildete Sommelière, sondern Autodidaktin und stolz drauf. Lebt und liebt Wein und lässt alle, die möchten, daran teilhaben – ruhig und unverkrampft freundlich. Serena ist *Valpolesèla* durch und durch. Kürzlich hat sie damit begonnen, das Haus ihrer Großmutter in Marano zu renovieren. Mit ihrer Weinkompetenz wäre ihr auch anderswo eine große Zukunft gewiss, aber so etwas käme Serena nie in den Sinn. Zu verwachsen fühlt sie sich mit der Erde, den Hügeln und den Reben der Valpolicella. Einen schöneren Ort zum Leben gibt es nicht. Und keinen besseren zum Arbeiten als die Enoteca.

Der Name ist ein bisschen irreführend. Sie dürfen natürlich herkommen und ein oder zwei Glas Wein aus dem gut bestückten Weinkeller genießen. Ihren hervorragenden Ruf verdankt die Enoteca aber dem Restaurant im unprätentiösen und trotzdem eleganten Ambiente im oberen Stock. Dort lassen sich die Weine auf die Probe stellen, denn in Italien werden Weine zum Glück im Hinblick auf ihre Tauglichkeit als Speisenbegleiter gemacht.

Die Küche der Enoteca ist vielfach von Slow Food ausgezeichnet worden. Der jungen Truppe um Eigentümerin Ada Riolfi und Tochter Elisa Ferrarini ist der Ruhm aber alles andere als zu Kopf gestiegen. Der Service ist herzlich und zugleich unaufdringlich. Die Küche ist unverhohlen gemüselastig und hat sich verpflichtet, aus jeder Stange Sellerie und jeder Tomate das Beste rauszuholen. Was ganz einfach klingt, ist eine große Aufgabe. Die vegetarischen Gerichte sind so gelungen, dass sie selbst Fleischliebende nachdenklich werden lässt, und sie passen hervorragend zu einem Glas Wein. Serena straft das weit verbreitete Vorurteil Lügen, dass es besonders schwierig sei, Gemüse an Wein anzupassen.

WEINKELLER AUFSTOCKEN?

Auf dem Weg zurück nach Verona können Sie sich an der SP 1 bei **Signorvino** mit allem eindecken, was die Valpolicella und die anderen Weingebiete rund um Verona zu bieten haben. Alle Stile und für jedes Budget.

Inspiriert von der Tradition, sich aber immer neu erfinden – die *piccoli assaggi* in Form verschiedener Vorspeisen bringen das präzise auf den Punkt. Radicchiosalat, angemacht mit Rotweinessig und Sahne und serviert auf einer Cannellinibohnencreme. Broccoli mit Spiegelei und Sardellensauce. Artischocke mit Ziegenmilchbéchamelsauce und Topinambur. In diesem Moment an Fleisch überhaupt zu denken wäre Frevel. Zur Hauptspeise ließen wir uns aber trotzdem einen saftig-zarten Lammbraten mit Schwarzkohl und Sumach schmecken. Serena kennt für jedes Gericht der saisonal wechselnden Speisekarte den passenden Part-

ner aus der näheren Umgebung. Zum Lamm empfahl sie uns einen Amarone. Wir waren skeptisch, riefen „zu schwer!", „zu wuchtig!" und ließen uns nur zu gern eines Besseren belehren. Serenas Amarone gab sich höflich, bescheiden und stellte sich als erstaunlich teamfähig heraus.

INFOS

Enoteca della Valpolicella: Via Osan 45, 37022 Fumane (VR), www.enotecadellavalpolicella.it
Signorvino: Via Preare 15, 37124 Verona, signorvino.com

34

Baden wie die alten Römer

PARCO TERMALE VILLA DEI CEDRI

Die Kunst- und Kulturschätze Veronas und seine nicht enden wollenden Verlockungen in Sachen Gastronomie und Shopping schreien zwischendurch geradezu nach Schonzeit. Tun Sie es den Veroneserinnen und Veronesern gleich und entspannen Sie in den Thermalseen der Villa dei Cedri.

Die Menschen in Verona brechen bei der Erwähnung der zwei künstlichen Seen in Begeisterung aus. Diesen besonderen Thermalpark verdanken sie einem Zufall. Die **Villa dei Cedri** ist ein im 18. Jahrhundert angelegter Landschaftspark im englischen Stil. 1989 plante Vittorio Nalin, das Bewässerungssystem des Parks zu verbessern. Da das zur Verfügung stehende Wasser für den 13 Hektar großen Park nicht ausreichte, machte man sich auf die Suche und bohrte nach neuen Quellen. Und siehe da, gleich zwei wurden entdeckt, in 160 und in 200 Metern Tiefe. Allerdings waren sie mit 37 und 42 Grad viel wärmer als erwartet – perfekt zum Baden!

Gemeinsam mit Giovanni Martinelli gründete Nalin den Thermalpark. Weil dieser mitten in einem über fast zwei Jahrhunderte gewachsenen Landschaftspark liegt, sorgt das für ein nicht alltägliches Badeerlebnis. Ich wäre nicht auf die Idee ge-

kommen, dass die beiden Thermalseen künstlich sind, so geschmeidig integrieren sie sich in die Parklandschaft. Angetan hat es mir vor allem der zweite See nahe dem Wintergarten, der vom Eintritt in den Park weiter entfernt liegt als der erste. Der kurze Fußweg lohnt sich!

Der See ist mit Fontänen, Sprudelliegen und Grotten bestückt und bei Dunkelheit beleuchtet. In seiner Mitte trifft sich Verona in zwei *hot tubs*. Hier wird geplauscht und gechillt. Für italienische Verhältnisse geht es aber trotzdem ausgesprochen ruhig zu. Thermalwasser steht dank der großzügig schüttenden Quellen mehr als ausreichend zur Verfügung. Innerhalb von 48 Stunden wird das Wasser in den Seen komplett ausgetauscht. Es

lässt sich sogar innerlich anwenden. Das italienische Gesundheitsministerium hat es als bikarbonat-, kalzium- und magnesiumhaltiges Oligomineralwasser klassifiziert. Am Trinkbrunnen im Wintergarten können Sie kostenlos auftanken.

Der Park verleiht der Planscherei eine sagenhafte Kulisse. Im Herbst spiegeln sich im See Gelb-, Braun- und Rottöne und präsentieren ein Farbenspiel, das atemberaubend zu nennen keine Übertreibung darstellt. Apropos Park: Eine Erkundungstour ist ebenso unvergesslich wie das Bad in dessen Mitte. Dem milden Klima nahe dem Gardasee verdankt der ausgedehnte Landschaftspark einen üppigen Bewuchs: Lorbeer, Erdbeersträucher, Mammutbäume, Palmen, Magnolien und selbstredend Zedern, so weit das Auge reicht. Einige Bäume sind jahrhundertealt, steingesäumte Pfade führen durch kleine schattige Wälder zum Belvedere. Unterwegs begegnen Ihnen Statuen sowie Sitzgelegenheiten aus Stein und ein großes Gewächshaus aus dem 19. Jahrhundert. Faszinierend ist die Rokoko-Grotte, eine unweit der Villa verborgene Nische, die von einem eisernen Spinnennetz bedeckt ist. Die Villa Moscardo ist ein im venezianischen Stil zwischen dem 18. und dem 19. Jahrhundert nach Plänen des Mailänder Architekten Luigi Canonica erbautes Gebäude und heute ein Vier-Sterne-Hotel.

NOCH MEHR ENTSPANNUNG

Zum Thermalpark gehören auch ein Thermalschwimmbad und eine Saunaanlage. Massagen und therapeutische Behandlungen werden ebenso angeboten.

INFOS

Villa dei Cedri, Parco Termale del Garda: Piazza di Sopra 4, 37017 Colà di Lazise (VR), www.villadeicedri.it

35

Safari mit einer Million Tulpen

PARCO GIARDINO SIGURTÀ

Gucci, Moschino, Liu-Jo und Max Mara haben diese Gartenlandschaft für Fashion-Shootings genutzt. Mich wundert das nicht, ist die Atmosphäre hier doch so ungewöhnlich wie zauberhaft. Sie dürfen den Park selbstverständlich auch in No-Label-Klamotten erkunden. In Verona kennt ihn jedes Kind.

Eigentlich handelt es sich um einen Landschaftspark von immerhin 60 Hektar, doch im Veroneser Slang nennt er sich schlicht *giardino* (Garten). Englische Gartenkunst geht in ihm mit italienisch verspielter Opulenz eine hinreißende Verbindung ein. Sage und schreibe 37 Sehenswürdigkeiten sind auf dem Plan verzeichnet, eine klingt exzentrischer als die nächste. Kleine Kostprobe gefällig? Zick-Zack-Weg, die vier Teiche der Einsiedelei, Hundefriedhof, Aussichtsstand der zwei Kaiser, Gelübdegrotte. Ein Highlight ist der Irrgarten. Der hat sich seinen Namen verdient; in seiner Mitte auf der Aussichtsplattform verschnaufen zu können sorgt für ein gänzlich natürliches High.

1941 hatte der Pharma-Unternehmer Carlo Sigurtà den Park erworben. Er erschien ihm perfekt geeignet für inspirierende Spaziergänge mit den Großen seiner Zunft. Alexander Fleming, der

Erfinder des Penicillins, ist hier durchgeschlendert, und Albert Sabin, dem wir die Schluckimpfung gegen Polio verdanken. 1978 entschied Sigurtà, den Garten für ein breiteres Publikum zu öffnen. Die Besucherinnen und Besucher durften diesen allerdings nur an Bord ihres eigenen Fahrzeugs erkunden. Die Gartensafari muss einen wunderlichen Anblick geboten haben, der zum exzentrischen Charakter des Ortes bestens passt.

Heute ist es gestattet, den Park zu Fuß zu erwandern. Das mit dem Wandern meine ich wörtlich. Der auf dem Plan verzeichnete Rundgang ist immerhin sechs Kilometer lang. Mit Umwegen, Abwegen und Abstechern verlängert sich die Strecke nicht unwesentlich. Schrittzähler-Apps werden an den zahlreichen Alleen ihre helle Freude haben: Allee der Brunnen, Allee des Sonnenuntergangs und die Allee der blühenden Hecken sind nur einige davon. Die Rosenallee ist ganze 600 Meter lang und bietet einen grandiosen Blick auf die Skaligerburg von Valeggio sul Mincio. Die Allee der smaragdgrünen Stämme hat mir am besten gefallen, schon allein des Namens wegen.

WIE AUF DEM GOLFPLATZ

Wenn Ihnen die Wege durch die weitläufige Anlage zu Fuß zu lang sind, können Sie Fahrräder ausleihen – oder ein Golfcart. Unterwegs sind ausreichend Parkplätze für beliebig viele Stopps vorhanden.

Carlò Sigurtà hatte den Garten nicht allein angelegt. Ende des 18. Jahrhunderts hatte es sich der *Marchese* (Markgraf) Antonio Maffei in den Kopf gesetzt, einen Landschaftspark nach englischem Vorbild zu gestalten. Es entstanden das Schlösschen, die Grotten und die Einsiedelei. Nach seinem Tod erbte Tochter Anna den Park. Mitte des 19. Jahrhunderts kamen der österreichische Kaiser Franz-Josef I. und später Napoleon III. vorbei, um nach der aufreibenden Schlacht von Solferino ein wenig auszuspannen. Jahrzehntelang fiel der Park in einen Dornröschenschlaf. Durch einen Zufall entdeckte der neue Eigentümer Carlo Sigurtà, dass ihm das Recht oblag, den Fluss Mincio für die Bewässerung anzuzapfen. Der fließt nur 50 Meter unterhalb des Gartens vorbei. Dieser Kunstgriff verhalf dem verwahrlosten, ausgetrockneten Garten zu neuem Leben und ließ ihn zu einem grünen Paradies werden. Neffe und Adoptivsohn Enzo Sigurtà, im

Hauptberuf Professor für Neuropsychiatrie, ließ Pflanzen und Ideen weitergedeihen. Seit seinem Tod 2009 sorgen die Kinder Magda und Giuseppe dafür, dass es grünt und blüht. Im März und April entfalten eine Million Tulpen ihr Farbfeuerwerk. Ihnen folgen Tausende Schwertlilien, Rosen und schlussendlich die Dahlien. Im darauffolgenden Frühling geht das Spektakel wieder von vorne los.

INFOS

Parco Giardino Sigurtà: Via Cavour 1, 37067 Valeggio sul Mincio (VR), www.sigurta.it

Gedruckt mit freundlicher Unterstützung
Der Abteilung Deutsche Kultur der Autonomen Provinz Bozen – Südtirol

Deutsche Kultur - Cultura tedesca

Bildnachweis

Die Fotos wurden mit freundlicher Genehmigung folgender Institutionen erstellt:

- Gemeinde Verona, *Direzione Cultura Turismo e Spettacolo* für die Außenaufnahmen in der Stadt.
- Gemeinde Verona, Direzione dei Musei Civici di Verona für die Innenaufnahmen im Castelvecchio, im Teatro Romano und in der Tomba di Giulietta.
- *Chiesa di Verona. Servizio beni culturali ecclesiastici* für die Innenaufnahmen in den Kirchen.

Ca' La Bionda: S. 145, 146 | Enoteca della Valpolicella: S. 151, (Foto: Matteo Chiarini) S. 148 | Fondazione Arena di Verona: S. 67, (Archivio) S. 92, 94, 95, (Foto: Ennevi) S. 64, 68, 70, 71 | Fondazione Biblioteca Capitolare di Verona: S. 55, (Foto: Ivan Rossi) S. 52 | Giardino Giusti (Foto: Claudio Andreetta): S. 133 | Benedetta Großrubatscher: S. 28, 59, 60, 63, 77, 88, 91, 96, 99, 101, 102, 105, 106, 108, 111 o., 111 u., 113, 114, 116, 120, 123, 124, 126, 129, 130, 23 u., 87 u., 108 u. | Infermentum (Foto: Stefano Bellamoli): 72, 75 | Maria Kampp: S. 6, 9 o. r., 9 u. l., 9 u. r., 32, 43 o.l., 43 o.r., 56, 134, 153, 154 | Marion Lafogler: S. 12, 15, 16, 18, 20, 31, 34, 37, 39, 40, 44, 47, 49, 51, 78, 80, 83, 84, 87 o., 118, 4 | Sabine Lercher, no.parking: S. 9 o. l., 11, 23 o. | Palazzo Maffei: (Foto: Luca Rotondo) S. 24, (Foto: Daniele Pemigo) 26 | Parco Giardino Sigurtà (Foto: Bruna Zavattiero): S. 156, 159 | Pieropan: S. 136, 139 | Shutterstock: Cover | Villa Mosconi Bertani: S. 143, 140

1. Auflage 2024
© Folio Verlag Wien – Bozen
Lektorat: Adele Brunner, Hermann Gummerer
Grafik und Umbruch: no.parking, Vicenza
Kartografie: Cartomedia, Karlsruhe
Druckvorstufe: Typoplus, Frangart
Druck: Lanarepro, Lana
ISBN 978-3-85256-905-5
www.folioverlag.com